杉田 米行 監修

NO.15

大統領の演説と現代アメリカ社会
Understanding Contemporary American Society
through Presidential Speeches

花木 亨 著
Toru Hanaki

大学教育出版

はじめに

　2008年、私はバラク・オバマの演説を初めて耳にした。ちょうどオバマがヒラリー・クリントンと民主党大統領候補の座をめぐって選挙戦を繰り広げている最中だった。アメリカ合衆国大統領をはじめとする政治家たちの演説は、私が専門とするコミュニケーション研究（Communication Studies）の分野では昔からよく研究されていたが、当時の私はそれらの研究にも政治演説自体にもそれほど馴染みがなかった。よい機会だと思い、私はオバマの演説をいくつか聴いてみた。そして驚いた。それらの演説は、私が政治演説という言葉から連想するものとはかけ離れていた。オバマは自分にとって、そして聴衆にとって、身近で切実な問題について、わかりやすく語っていた。その言葉は、理性的であると同時に情熱的だった。政治的であると同時に文学的だった。私はオバマの演説がなぜ世間の注目を集めているのか、そして政治演説がなぜコミュニケーション研究者の関心を集めてきたのかを理解した。

　オバマは演説を続け、大統領に選出された。大統領就任後も、オバマは現在に至るまで、数かずの演説を行ってきた。私はそれらの演説の中からいくつかを取り上げて、コミュニケーション研究の観点から分析し、それを論文の形で公刊した。オバマ政権が終わりを迎えようとする今、これらの研究成果を踏まえつつ、オバマの演説の全体像を一冊の本にまとめておきたい。それが本書を執筆した動機である。オバマは彼自身がしばしば参照するエイブラハム・リンカーン、ジョン・F・ケネディー、マーティン・ルーサー・キング・ジュニアなどの政治指導者たちと並ぶ優れた政治演説家として、アメリカ合衆国の歴史に名を刻むだろう。その演説の全体像を本の形に記録しておくことには、それなりの社会的意義があるだろうと考えた。

　本書は幅広い読者を想定して書かれている。オバマの演説に興味を持つ読者はその筆頭である。オバマの演説集は日本でもかなり多く刊行されているが、その全体像について学術的観点を交えながら記述した本は意外に少ない。その

意味で、本書には希少価値があると思う。また、現代アメリカ社会について興味を持つ読者にも、本書は何らかの示唆を与えられると思う。オバマはその演説において、アメリカ合衆国が抱えるさまざまな問題について語っている。オバマの演説について論じた本書を読むことで、読者はこれらの問題についての理解を深めることができるだろう。大統領の演説、アメリカ合衆国の社会と文化、さらにはアメリカ合衆国に限らず、広く民主主義社会における言葉と政治の関係について興味を持つ読者に本書を手に取っていただければ幸いである。

　本書の執筆に際しては、できるだけアメリカ合衆国で生み出された英語の情報を参照することとした。これはオバマの演説、新聞記事、テレビ報道、研究論文、書籍など、すべての情報について当てはまる。オバマの演説がアメリカ合衆国において英語でなされたものである以上、それにできるだけ接近する形で執筆を進めたかったということが一番の理由だが、他の理由もある。それは筆者がアメリカ合衆国の大学院でコミュニケーション研究を学んだということ、そしてこの分野の研究が同国において盛んだということである。したがって、英語で公表されたアメリカ流コミュニケーション研究の知見を参照しながら議論を進めることは、私にとって自然なことだった。さらには、本書の初期原稿の大部分が筆者のアメリカ合衆国における在外研究中に執筆されたという事情もある。当時の私は現地で生み出された情報を手に入れやすい状況にあったため、これを最大限活用することとした。こうした理由から、本書ではアメリカ合衆国において生み出された英語の情報に大きく依拠しつつ議論を展開した。このやり方には長所と短所があるだろうが、本書においては筆者の研究者としての背景と強みを生かすべく、この手法を採用することとした。

　このことに関連して、本書においてオバマの演説の重要な箇所を引用する場合、英語原文をそのまま記した上で、筆者による日本語訳を付けることとした。オバマ自身の言葉の味わいをそのまま読者に伝えたいと考えたからである。また、広く一般に知られているものは別として、英語の人名や地名などが出てきた場合には、各章で初出の際にその英語表記を書き加えた。さらに論文等からの引用においても、必要に応じて英語原文を付した。日本語の中に英語が混入することで文章の統一感が失われるかもしれないが、それよりも読者が

英語原文を直接参照できることから得られる利益のほうが大きいと考えた。

　オバマの演説は面白いと言われる。それらはなぜ面白いのか、どのように面白いのか。本書では、私が感じるオバマの演説の面白さを、できるだけわかりやすく、具体的に読者に伝えることを試みた。それがうまくいっているかどうかは読者の判断に委ねたい。

大統領の演説と現代アメリカ社会
Understanding Contemporary American Society
through Presidential Speeches

目　次

はじめに ………………………………………………………………… i

第1章　大統領と演説 …………………………………………… 1
　1.　語る大統領　*1*
　2.　演説の作成　*4*
　3.　演説の聴衆　*5*
　4.　演説と文脈　*6*
　5.　演説と政策　*7*
　6.　本書の構成　*8*

第2章　2004年民主党全国大会基調演説 ………………… 11
　1.　はじめに　*11*
　2.　演説　*15*
　　（1）オバマの自伝　*15*
　　（2）アメリカ的価値観　*17*
　　（3）民衆の期待　*18*
　　（4）ジョン・ケリー　*19*
　　（5）戦争　*19*
　　（6）多様性と連帯　*21*
　　（7）希望の政治　*23*
　3.　反響　*24*
　4.　学術的議論　*26*
　　（1）フランクとマクフェイル　*27*
　　（2）ロウランドとジョーンズ　*31*
　5.　おわりに　*33*

第3章　2008年大統領選における演説 …………………… 35
　1.　はじめに　*35*
　2.　大統領選出馬表明演説　*37*

3．アイオワ州党員集会勝利演説　*42*

　　4．サウスキャロライナ州予備選勝利演説　*46*

　　5．大統領選勝利演説　*52*

　　6．まとめ　*61*

第4章　人種 ………………………………………………………… *65*

　　1．はじめに ── ジェレマイア・ライト事件　*65*

　　2．「ア・モア・パーフェクト・ユニオン」演説　*68*

　　　（1）歴史への接続　*68*

　　　（2）身体に刻まれた多様性　*70*

　　　（3）ジェレマイア・ライト　*71*

　　　（4）黒人たちの怒りと白人たちの憤り　*75*

　　　（5）アシュリー・バイア　*78*

　　3．反響　*79*

　　4．学術的議論　*82*

　　　（1）フランク　*82*

　　　（2）テリル　*84*

　　　（3）ロウランドとジョーンズ　*86*

　　5．おわりに　*88*

第5章　医療 ………………………………………………………… *91*

　　1．はじめに　*91*

　　2．先行研究　*94*

　　3．演説　*96*

　　　（1）現状 ── 医療保険制度改革の必要性　*96*

　　　（2）改革の方向性 ── 三つの目標　*98*

　　　（3）改革の詳細　*99*

　　　（4）批判と懸念に対する応答　*101*

　　　（5）エドワード・ケネディーからの手紙　*105*

4．考察　*109*
　　5．おわりに　*112*

第6章　移民 ･･ *114*
　　1．はじめに　*114*
　　2．背景　*116*
　　3．移民制度改革をめぐる議論　*118*
　　4．アメリカン・ドリーム　*121*
　　5．演説　*122*
　　　（1）　移民の国　*123*
　　　（2）　非合法移民と移民起業家　*125*
　　　（3）　国境管理　*127*
　　　（4）　移民制度改革に向けての連帯　*128*
　　　（5）　オバマの提案　*129*
　　　（6）　普通の人びとによる偉業　*130*
　　6．考察とまとめ　*133*

第7章　銃 ･･ *137*
　　1．はじめに──サンディー・フック小学校銃乱射事件　*137*
　　2．銃規制をめぐる議論　*139*
　　3．世論　*144*
　　4．銃規制法案可決に向けての演説　*146*
　　　（1）　当事者の声　*149*
　　　（2）　超党派的呼びかけ　*150*
　　　（3）　銃を持つ自由と社会的責任　*152*
　　　（4）　個人の小さな物語　*155*
　　5．銃規制法案否決後の演説　*157*
　　6．おわりに　*160*

第 8 章　まとめ ……………………………………………………… *164*
　　1. バラク・オバマの演説　　*164*
　　2. バラク・オバマの演説と現代アメリカ社会　　*167*
　　3. 言葉と政治　　*168*

おわりに …………………………………………………………………… *170*

参考文献 …………………………………………………………………… *174*

第1章

大統領と演説

1. 語る大統領

　これはアメリカ合衆国大統領バラク・オバマ（Barack Obama）の演説についての本である。オバマはこれまでに数えきれないほどの演説を行ってきた。名演説家としてのオバマを初めて全米に印象づけたのは、マサチューセッツ州ボストンで開催された 2004 年民主党全国大会における基調演説だった。この演説は、当時イリノイ州上院議員だったオバマが、共和党のジョージ・W・ブッシュ（George W. Bush）大統領に挑む民主党大統領候補としてジョン・ケリー（John Kerry）を称えることを目的としていたが、結果としてオバマの演説家としての資質を世間に知らしめる機会となった。

　その後、イリノイ州選出のアメリカ合衆国上院議員となったオバマは、2008 年の大統領選において、史上初の黒人大統領を目指した。そして、この大統領選において、オバマの演説家としての名声は揺るぎないものとなった。2007 年 2 月 10 日、オバマはイリノイ州スプリングフィールドで演説を行い、大統領選出馬を宣言した。共和党大統領候補との間で争われる大統領選本選に至る前に、オバマはまず民主党予備選を勝ち抜き、民主党大統領候補の座を獲得しなければならなかった。オバマは全国を回り、「変革（change）」と「希望（hope）」を基調とした強力な演説を繰り返した。その結果、オバマは知名度、政治的人脈、資金力で彼を上回るヒラリー・クリントン（Hilary Clinton）を抑え、民主党大統領候補となった。

　共和党大統領候補ジョン・マケイン（John McCain）との間で争われた大統領選本選においても、オバマは引き続き、力強い演説を繰り返した。その言

葉は若年層を含む多様な有権者たちの心を掴み、オバマに対する支持は拡大した。オバマ陣営のもとには史上類を見ない巨額の選挙資金が集まったが、その大部分は少額の個人献金によってもたらされたものだった。この事実から、オバマが幅広い層の一般有権者たちの支持を得ていたことがうかがえる。

　2008年11月4日、大統領選に勝利したオバマは地元シカゴのグラント・パークで大統領選勝利演説を行った。演説会場には推定24万人の聴衆が足を運んだとされる。その中には人権活動家で牧師のジェシー・ジャクソン（Jesse Jackson）やメディアで多彩な活動を展開するオプラ・ウィンフリー（Oprah Winfrey）などの著名なアフリカ系アメリカ人たちが含まれていた。それ以外にも、会場ではさまざまな肌の色をした老若男女が恍惚とした表情でオバマの演説を聴いていた。この演説はテレビ放送やインターネットをとおして、世界中の人びとに視聴された。

　大統領選は終わったが、オバマの演説が終わることはなかった。大統領としてのオバマの最初の演説は、2009年1月20日、アメリカ合衆国議会議事堂西側正面で行われた大統領就任演説だった。この演説において、オバマは自らの政治をアメリカ的伝統の中に位置づけつつ、その伝統の刷新とアメリカ合衆国の再生を呼びかけた。同年4月5日、オバマはチェコ共和国の首都プラハで演説を行い、核なき世界の実現を訴えた。また9月9日には、アメリカ合衆国議会合同会議において演説を行い、議員たちとテレビの向こうの一般聴衆に対して、自分が推進する医療保険制度改革への理解を求めた。さらに12月10日には、ノーベル平和賞受賞に際して、ノルウェーのオスロで平和について演説した。

　その後もオバマは全米各地、そして世界各地を回りながら演説を続けていった。毎年のはじめには、アメリカ合衆国議会において一般教書演説を行い、この国が置かれている現状の分析と将来に向けた政策の提案を行ってきた。また、共和党大統領候補ミット・ロムニー（Mitt Romney）との間で争われた2012年大統領選においては、自分のこれまでの実績と将来に向けての展望を語り、大統領再選を果たした。そして、2013年1月21日、オバマは二度目の大統領就任演説を行った。

大統領の演説の中では、就任演説や一般教書演説が世間の注目を集めやすいが、オバマはそれ以外にもさまざまな事柄について、折に触れて演説を行ってきた。2011 年にはアリゾナ州トゥーソンの政治集会において、また 2012 年にはコネティカット州ニュータウンの小学校において銃乱射事件が発生したが、これらの事件が発生する度、オバマは遺族を悼み、銃規制を呼びかける演説を行ってきた。それ以外にも、オバマは人種、医療、移民、教育、経済、戦争などについて、絶え間なく演説を続けてきた。

　このように振り返ってみると、大統領の仕事というのは演説をすることであるかのような印象を受ける。この印象は概ね正しい。アメリカ合衆国大統領という存在は、演説をすることによって作られ、維持されている。大統領候補者は演説をすることで大統領になり、大統領は演説をすることで大統領であり続ける。アメリカ合衆国憲法には、立法、司法、行政の三権分立について、そして行政府の長としての大統領についての記述があるが、大統領という存在にまつわるすべてが憲法によって規定されているわけではない（Campbell & Jamieson, 2008, pp.1-28）。アメリカ人たちが大統領について抱くイメージやアメリカ社会において大統領が持つ象徴的意味は、初代ジョージ・ワシントン以来、歴代大統領が演説を続ける中で、そしてアメリカ人たちがそれらの演説を聴き続ける中で、ゆっくりと醸成されてきた。新しく大統領となった者は、それ以前に大統領だった者たちの言葉の上に自らの言葉を重ねることで、大統領であることの意味を確認し、その意味の変容を促してきた。そして、それにつれて、大統領の果たすべき役割も変化してきた（Campbell & Jamieson, 2008, pp.1-28）。

　以上のことは、アメリカ合衆国においてはレトリカル・プレジデンシー（rhetorical presidency）という言葉で表現されてきた（Campbell & Jamieson, 2008; Tulis, 1987）。これは「語ることによって生み出される大統領」というような意味だが、ここで重要なのは、語ることによって生み出されるのが「人としての大統領（president）」ではなく、「象徴としての大統領（presidency）」だという点である。大統領という象徴的存在は、その地位に就いた者が語り続けることによって生み出され、維持される。その意味において、アメリカ合衆国大

統領の最大の仕事は演説をすることだと言える。そして、この仕事にオバマほど巧みに取り組んできた大統領は少ない。

本書では、レトリカル・プレジデンシーを体現する政治家としてのバラク・オバマの演説を吟味する。アメリカ合衆国の最高政治指導者であるオバマ大統領は、この国が抱える喫緊の政治課題について語る。政治が公的な事柄について可能な限り最良の未来を選び取る試みだとするならば、政治家オバマの言葉はすべてのアメリカ人たちの生活に関わる切実な問題について語っているということになる。オバマの演説を吟味することによって、アメリカ人たちが生きる社会的現実とオバマが目指す理想の社会像についての理解を深めることができるだろう。

2. 演説の作成

ここでオバマの演説を吟味していく上での留意点をいくつか確認しておきたい。まずは演説の作成についてである。歴代大統領の演説と同じく、オバマの演説の多くはオバマ一人によって作られているわけではない。それは複数のスピーチ・ライターがオバマと議論を重ねる中で、着想され、推敲され、完成される。オバマが書き上げた原稿に演説作成チームが手を加える場合もあれば、その逆もある。いずれにせよ、オバマが誰にも相談することなく一人で演説を考え、それを公衆の前で披露するということはない。

オバマのスピーチ・ライターの中で一番よく知られているのは、ジョン・ファヴロー（Jon Favreau）だろう（Parker, 2008, January 20; Wolffe, 2008, January 6）。ファヴローがオバマに初めて会ったのは、2004年の民主党全国大会のときだった。民主党の大統領候補ジョン・ケリーのために働いていた当時23歳のファヴローは、このときオバマの基調演説を目の当たりにした。やがてファヴローはオバマの信頼を獲得し、2008年大統領選においてはオバマ陣営の演説作成チームを主導することとなる。オバマが大統領選で繰り広げた力強い演説の背後には、ファヴローとその仲間たちによる寝る間を惜しんだ働きがあった。オバマが大統領に当選した後も、ファヴローは引き続きオバマの

演説作成において主導的な役割を果たし、オバマ政権第一期を支えた。

　ファヴローの例が示すように、オバマの演説はオバマ一人によって作られているわけではない。それはスピーチ・ライターを中心として、オバマを支える多くの人たちによって組織的に作られている。この点を踏まえれば、オバマの演説を吟味することで、オバマという個人の思考や心理を推し測るという試みには無理があることがわかる。そして、それは本書の目的でもない。本書が注目するのは、バラク・オバマという個人ではなく、社会的かつ象徴的な存在としての「オバマ」が何を語っているのかということである。その目的に照らせば、オバマの演説がオバマ自身によって書かれたのか、あるいは演説作成チームによって書かれたのかということは、無視できない事実ではあるものの、本質的ではない（Campbell & Jamieson, 2008）。本書においては、「オバマの演説」あるいは「オバマは語る」などの表現を用いるが、それらはここで述べたことを踏まえた上での表現であることを確認しておく。

3. 演説の聴衆

　アメリカ合衆国の政治家の演説は、ほとんどの場合、目の前の聴衆に向けて語られる。オバマの演説も例外ではない。聴衆は党大会に集まった民主党員かもしれないし、一般有権者かもしれないし、連邦議会議員かもしれない。オバマはそれぞれの聴衆に向けて、もっとも説得力のある演説を行うよう努めてきたし、多くの場合、それに成功してきた。よい演説を行うためには、丹念な聴衆分析が欠かせないとされる。聴衆の興味関心を的確にとらえることで、話者はその聴衆にとってもっとも説得力のあるメッセージを発することができる。ある特定の聴衆にとって説得的な演説が、他の聴衆にとっても同等の説得力を持つとは限らない。話者はその時どきの聴衆に合わせて、演説の構成や内容や言葉遣いを調整しなくてはならない。オバマの演説にも、その痕跡を確認することができる。

　その一方で、情報通信技術が発達した現代において、オバマの演説は目の前の聴衆によってのみ聴かれるわけではない。大統領就任演説や一般教書演説を

はじめとして、オバマの主要な演説はテレビで生中継される。これによって、目の前の聴衆をはるかに上回る数の人びとが、オバマの演説をそれぞれの場所で視聴することになる。また、インターネットの発達によって、オバマの演説の多くをいつでもどこでも簡単に視聴できるようになった。オバマの演説を聴きたければ、ホワイトハウスのウェブサイトや動画共有サイトから、これらの演説に簡単にアクセスできる。何年も前のオバマの演説でさえも、インターネットを使えば、好きなときに視聴できる。

　この事実を踏まえれば、オバマの演説は目の前の聴衆を説得すると同様に、テレビやコンピューターの画面の向こうにいる無数のアメリカ人たちや、場合によっては外国人たちを説得することを期待されているということになる。オバマの演説は、保守系政治家の一部を含めた多くのアメリカ人たちに説得的だと受け止められた。一つの演説が目の前の聴衆を説得する特殊性と同時に、より多様な聴衆を説得する普遍性を兼ね備えることはどのように可能なのだろうか。オバマの演説は、この点に関して興味深い事例を提供している。

4. 演説と文脈

　演説は常に特定の文脈の中で行われる。そして、それらの文脈との相互作用によって多様な意味を与えられる。文の意味が文脈の影響を受けるように、演説の意味も文脈の影響を受ける。オバマの演説も例外ではない。文脈という言葉は、適宜、状況や背景と言い換えても大きな問題はないが、この節では本書にとってより適切な言葉として文脈を用いる。

　演説を取り巻く文脈は一つとは限らない。政治的文脈、歴史的文脈、社会的文脈など、さまざまな文脈がオバマの演説を取り巻いている。たとえば、2004年民主党全国大会基調演説は、短期的にはジョン・ケリーとジョージ・W・ブッシュとの間の大統領選という政治的文脈の中で行われたが、長期的には奴隷制廃止から公民権運動を経て黒人大統領誕生へと向かうアメリカ合衆国の歴史的文脈の中に位置づけられる。このように、一つの演説は、通常、複数の文脈によって取り囲まれている。

また、演説はその後に行われる演説に文脈を与える。たとえば、2004年民主党全国大会基調演説は、2008年大統領選における一連の演説に文脈を与えている。また、2008年大統領選における一連の演説は、大統領就任後のオバマの演説に文脈を与えている。そして、オバマのすべての演説は、リンカーンやケネディーやマーティン・ルーサー・キング・ジュニアの演説によって文脈を与えられている。小説の中の文章が積み重なって文脈を形成するように、政治家の演説も積み重なって文脈を形成する。

　以上述べたとおり、演説は文脈の中で行われると同時に、文脈を形成する。したがって、演説を吟味するにあたっては、その演説がどのような文脈において行われたのかを押さえておく必要がある。本書においては、人種、医療、移民、銃についてのオバマの演説を吟味するが、その際にはこれらの事柄について、それまでにどのような議論がなされてきたのかを確認することとする。オバマの演説は、先行するそれらの議論に対する一つの応答だと言えるからである。その上で、オバマの演説が先行する議論にどのような視点を付け足しているのか、またそれらの議論の方向性をどのように変化させているのかを検討する。ある意味において、説得的な演説とは、既存の議論に新しい文脈を与えることで、その意味を塗り替える試みだと言えるからである。

5. 演説と政策

　政治家オバマは、その演説において政策について語る。大統領選における一連の演説において、オバマは自分が大統領になった場合に、どのような政策を導入し、それによって人びとの暮らしがどのように変わるのかを聴衆に説明し、それらの政策に対する支持を求めた。また、毎年はじめの一般教書演説において、オバマは自分の政権が過去に取り組んできた政策について、そして将来取り組もうとしている政策について語ってきた。さらに、医療政策、移民政策、銃政策、教育政策、経済政策、外交政策、軍事政策などの特定の政策についても、オバマは折に触れて、自分の考えを演説の形で語ってきた。

　オバマの政策がどのように実行に移され、それが実際にどのような社会的

効果をもたらしてきたのかを吟味することは大切だし、本書においても無視できない。しかし、本書の第一の関心は、オバマの政策よりもオバマの演説にある。したがって、本書においては、オバマがいろいろな政策についてどのように語り、その言葉がどのような説得力を発揮してきたのかを吟味することに焦点を絞る。非常に説得力のある演説が、何らかの外的要因によって、期待された政策の実現に結びつかないこともある。なぜそのようなことが起こるのかということについて、本書は十分な説明を提供することができないかもしれない。そうした場合には、政治学、経済学、社会学、歴史学、その他の学問的見地からの分析が必要になるだろう。

6. 本書の構成

本書は以下のように構成されている。

まず本章に続く第2章においては、バラク・オバマの名を一躍全米に知らしめた2004年民主党全国大会基調演説を吟味する。演説家オバマの原点とも言うべきこの演説には、その後のオバマの演説に見られる特徴のほとんどが盛り込まれている。この演説はアメリカ合衆国における政治演説の中でも、完成度が高いものの一つと言われている。この演説を詳しく吟味することで、オバマの演説に共通する特徴を確認すると同時に、後の章における議論の土台作りをする。

第3章においては、2008年大統領選におけるオバマの演説の中からいくつか代表的なものを選んで吟味する。2007年2月10日に大統領選出馬を宣言したオバマは、民主党予備選および大統領選本選を戦い抜き、2008年11月4日、大統領に選出された。この約2年の間、オバマは全国を駆け回り、数えきれないほどの演説を繰り広げた。第3章においては、その中から大統領選出馬表明演説、アイオワ州党員集会勝利演説、サウスキャロライナ州予備選勝利演説、そして大統領選勝利演説の4つを取り上げて吟味する。そして、これらの演説が2004年民主党全国大会基調演説の主題をどのように引き継ぎ、発展させているのかを確認する。

第4章、第5章、第6章、第7章においては、現代アメリカ社会を象徴する4つの事柄についてのオバマの演説を一つずつ吟味する。まず第4章においては、オバマによる人種についての唯一の演説「ア・モア・パーフェクト・ユニオン（A More Perfect Union）」を取り上げる。2008年大統領選における民主党予備選の最中、オバマが懇意にしていた牧師ジェレマイア・ライト（Jeremiah Wright）の説教の動画がメディアを通じて拡散し、物議を醸した。この騒動を受けて、オバマは「ア・モア・パーフェクト・ユニオン」演説を行い、人種についての自分の考えを述べると同時に、多文化社会アメリカにふさわしい大統領候補として自らを提示した。この演説は、歴史に残る名演説として各方面から高い評価を受けている。演説前、オバマを苦しめる要因だった「人種」は、演説後、彼の指導者としての資質を高める要因に変わっていた。なぜそのようなことが可能になったのか。第4章で検討する。

　第5章においては、医療制度をめぐるオバマの演説を吟味する。2010年3月23日、オバマが推進する医療保険制度改革法が成立した。より良質な医療を、より適正な価格で、より多くのアメリカ市民のもとに届けることを目指すこの法律は、1965年のリンドン・ジョンソン政権によるメディケア（主に高齢者と障碍者を対象とした公的医療保険制度）およびメディケイド（主に低所得者を対象とした公的医療保険制度）の導入以来、最大の医療制度改革だとされる。医療制度は、人の命や生活の質を左右すると同時に、国の理念やあり方とも深く結びついた重要な政策課題である。オバマが推進する医療保険制度改革をめぐっては、国を二分する議論が展開された。その議論は、2010年の医療保険制度改革法成立後も静まる気配を見せない。第5章では、この法律の成立に先立つ2009年9月、アメリカ合衆国議会合同会議において行われたオバマの演説を吟味する。この演説において、オバマは医療制度改革の必要性をどのように訴えたのだろうか。それはオバマの政治理念をどのように反映しているのだろうか。第5章で検討する。

　第6章においては、移民政策についてのオバマの演説を吟味する。アメリカ合衆国は移民の国である。この国の経済と社会は移民を受け入れることで成り立ってきた。これに伴い、誰をアメリカ人として受け入れ、誰を受け入れな

いのかという移民政策をめぐっては、長い間、激しい論争が繰り返されてきた。その際、一つの論点となってきたのが非合法移民の存在である。現在、アメリカ合衆国には推定1,100万人の非合法移民が住んでいると言われる。歴代政権はそれぞれのやり方で移民制度改革に取り組んできたが、根本的解決には至らなかった。第6章では、アメリカ合衆国における移民をめぐる議論を整理すると同時に、オバマが移民についてどのように語っているのかを吟味する。

第7章においては、銃規制についてのオバマの演説を吟味する。人種、医療、移民と並んで、銃は現代アメリカ社会を象徴する事柄の一つである。アメリカ合衆国には、人びとの自由と生命を守る上で、銃が重要な役割を担ってきたという歴史がある。アメリカ人たちにとって、銃を持つ自由は憲法で保障された権利でもある。その一方で、2012年にコネティカット州ニュータウンの小学校で発生した銃乱射事件が象徴するように、アメリカ人たちの自由と生命は銃の存在によって絶えず脅かされてきた。銃規制推進の立場をとるオバマは、このコネティカット州ニュータウンの小学校における銃乱射事件を受けて、銃規制を強く呼びかける一連の演説を行った。しかし、その呼びかけも虚しく、オバマが後押しする銃規制改革法案はアメリカ合衆国上院で否決された。オバマはどのように銃規制改革を訴えたのだろうか。その試みはどうして失敗に終わったのだろうか。第7章で検討する。

2004年民主党全国大会基調演説と2008年大統領選における一連の演説によって、オバマはその名演説家としての地位を揺るぎないものとした。これらの演説を吟味することで、オバマの演説の基本的特徴を確認することができるだろう。また、人種、医療、移民、銃は、アメリカ政治における論点であると同時に、アメリカ社会を特徴づける事柄でもある。これらについてのオバマの演説を吟味することで、オバマが目指す政治のあり方とアメリカ人たちが生きる社会的現実についての理解を深めることができるだろう。

最後の第8章においては、本書における議論をまとめ、オバマの演説の全体像を再確認する。

第2章

2004年民主党全国大会基調演説

1. はじめに

　2004年7月26日から29日にかけて、アメリカ合衆国マサチューセッツ州ボストンにおいて、民主党全国大会（Democratic National Convention）が開催された。この大会の最大の目的は、その年の大統領選における民主党大統領候補ジョン・ケリー（John Kerry）と副大統領候補ジョン・エドワーズ（John Edwards）を選出することだった。ケリーとエドワーズは、やがて共和党現職大統領ジョージ・W・ブッシュ（George W. Bush）と副大統領ディック・チェイニー（Dick Cheney）を相手に大統領選本選を戦い、これに敗北した。こうして、2008年までの4年間、ブッシュ政権が引き続き、アメリカ政治の舵を取ることとなった。短期的に見れば、2004年民主党全国大会は同党出身大統領の誕生にはつながらなかった。しかし、長期的に見れば、この大会は2008年大統領選における民主党の勝利とアメリカ史上初の黒人大統領誕生への布石となったと考えることもできる。2004年民主党全国大会において、当時イリノイ州上院議員を務めていたバラク・オバマは歴史に残る基調演説を行い、その雄弁と政治的潜在力を全米に知らしめた。この大会の主役として後の人びとに記憶されるのは、おそらくジョン・ケリーやジョン・エドワーズではなく、バラク・オバマだろう。

　1997年からイリノイ州上院議員を務めていたオバマは、2004年当時、イリノイ州選出のアメリカ合衆国上院議員を目指して選挙活動を展開していた。3月16日に行われたその民主党予備選において、オバマは他候補を大きく引き離して圧勝した。この劇的勝利は、オバマを民主党の若き新星として全米

の党員たちに印象づけた（Davey, 2004, March 18）。1995年のオバマの自伝『Dreams from My Father（邦題：マイ・ドリーム ―― バラク・オバマ自伝）』は再発行された（Obama, 2004; Scott, 2008, May 18）。将来の大統領候補としてオバマを論じる者も現れた（Dionne, 2004, June 25）。

　同じ頃、イリノイ州で選挙活動中だったジョン・ケリーはオバマに会い、この若い政治家に好印象を持った。ほどなくケリーの選挙対策チームは民主党全国大会における基調演説者の選定を始めた。候補者リストの中には、知名度の高い民主党の政治家たちに加えて、オバマの名前があった。オバマを知る者たちは彼を推した。その一方で、ケリーが当初支持したイラク戦争にオバマが反対していることや、当時のオバマが州議会の上院議員に過ぎないことなどについて懸念が表明された。当時のオバマは道端で即興的に演説することが多く、基調演説のような大掛かりな演説において、どれだけ力を発揮できるのかわからないという声も上がった。

　議論の末、ケリー陣営はオバマを基調演説者とすることを決定した。この選択には、ケリーに対するアフリカ系アメリカ人の支持の少なさを好転させようという狙いがあったとされる。また、オバマが狙っていたアメリカ合衆国上院議席の重要性が考慮されたとも伝えられている。しかし、それ以上に、ケリーたちはオバマの政治家としての資質、そして演説家としての資質に賭けたということのようだ（Bernstein, 2007, May 29; Obama, 2006; Olopade, 2008, August 25）。

　7月上旬、自分が基調演説者に選ばれたことを知ったオバマは、自らの手で演説の原稿を書き始めた。そして、アメリカ合衆国上院議員を目指す選挙活動の中で自分が出会った人びとについて思いを巡らす中で、「大胆不敵な希望（audacity of hope）」という言葉を思い出した。これはオバマが懇意にしていた牧師ジェレマイア・A・ライト・ジュニア（Jeremiah A. Wright, Jr.）が説教の中で述べた言葉である（Obama, 2006）。

　ライトは1980年代、19世紀に活躍したイギリスの画家ジョージ・フレデリック・ワッツ（George Frederic Watts）の絵画『希望（Hope）』についての講義に参加した。地球の上に目隠しされて座り、一本だけ弦の残された竪

琴を弾いている女性の姿を描いた絵である。この絵に感銘を受けたライトは、1988年、シカゴでこの絵を題材にした説教を行い、オバマはそれを聴いた。この説教の中でライトは以下のように述べている。

> In spite of being in a world torn by war, in spite of being on a world destroyed by hate and decimated by distrust, in spite of being on a world where famine and greed are uneasy bed partners, in spite of being on a world where apartheid and apathy feed the fires of racism and hatred, in spite of being on a world where nuclear nightmare draws closer with each second, in spite of being on a ticking time bomb, with her clothes in rags, her body scarred and bruised and bleeding, her harp all but destroyed and with only one string left, she had the audacity to make music and praise God.... To take the one string you have left and to have the audacity to hope --- make music and praise God on and with whatever it is you've got left, even though you can't see what God is going to do --- that's the real word God will have us hear from this passage and from Watt's painting. (Wright, 1990)

> 戦争によって引き裂かれた世界にいるのにもかかわらず。憎しみによって破壊され、不信によって滅ぼされた世界にいるのにもかかわらず。飢饉と強欲が不吉に共存する世界にいるのにもかかわらず。アパルトヘイトと無関心が人種差別と憎しみの炎を燃え上がらせる世界にいるのにもかかわらず。核兵器の悪夢が刻一刻と近づく世界にいるのにもかかわらず。刻こくと時を刻む時限爆弾の上にいるのにもかかわらず。ぼろぼろの衣を纏い、傷ついて血まみれの身体で、無残に壊され、一本だけ弦の残された竪琴を手に、彼女は大胆不敵にも音楽を奏で、神を賛美しようとした。…残された一本の弦を手にして、大胆不敵にも希望を持つということ。──神が何を為そうとしているのかを知ることができないにもかかわらず、とにかく自分に残された何かを使って音楽を奏で、神を賛美するということ。──それこそが、この一節とワッツの絵をとおして、神が我われに伝えようとしていることだ。

この説教の中にある「audacity to hope」というライトの言葉をオバマは「audacity of hope」と微修正し、これを基調演説の主題とした。この言葉はのちにオバマの著書の題名としても使われることになる（Obama, 2006）。

オバマは「大胆不敵な希望（audacity of hope）」という主題を思い描きつつ、過去になされた基調演説を参考にしながら、推敲作業に取り組んだ。7月20日頃、オバマの原稿は民主党演説作成チームのもとに届けられた。演説作成チームはオバマに関する自伝的な語りを減らし、その代わりにケリーの大統領選に関する語りを増やしたものの、原稿の大部分はそのまま残されたという。この演説原稿には、オバマが過去の演説で使ってきた印象的な言葉の数かずが散りばめられていた（Bernstein, 2007, May 29; Olopade, 2008, August 25）。

2004年7月27日火曜日の夜、オバマはボストンのフリート・センター（FleetCenter）に詰めかけた聴衆を前に、17分の基調演説を行った。この演説は、大会2日目の夜、主要テレビ局による中継が入らない時間帯に設定されていた。民主党執行部はオバマの基調演説にかなりの期待を抱いてはいたものの、これを民主党全国大会における最大の出来事とは捉えていなかったということかもしれない。（Olopade, 2008, August 25）。

実際のオバマの基調演説は、民主党執行部をはじめとして、すべての聴衆の期待を大きく上回るものだった。演説の最中、聴衆は激しい拍手喝采を繰り返し、これによって演説は33回中断された（Bernstein, 2007, May 29）。聴衆はオバマの演説に酔いしれ、中には涙を流す者さえいた。メディア関係者や政治家たちの多くがこの演説を絶賛した。この演説の後、オバマを将来の大統領候補と見なす議論は俄かに現実味を増した。イリノイ州選出の民主党上院議員ディック・ダービン（Dick Durbin）は、この演説がなかったらオバマは大統領選に出馬していなかったかもしれないと述べている（Bernstein, 2007, May 29）。その意味において、この基調演説はオバマの人生、そしてアメリカ合衆国の歴史を変えたと言っても過言ではない。

この基調演説において、オバマは何を語ったのだろうか。この演説には、2008年の大統領選において、そして2009年の大統領就任以降、オバマが繰り広げる数かずの演説に見られる特徴のほとんどが含まれている。その意味において、この基調演説は演説家オバマの原点を成す。以下では、まずこの演説の内容を吟味する。続いて、この演説に対する各界の反応をまとめる。最後に、

この演説についての学術的議論を吟味する。この作業をとおして、本章ではオバマの演説の影響力とその基本的特徴を確認することを目指す[1]。

2. 演　　説

　午後9時を少し回った頃、オバマは笑顔を浮かべ、会場に詰めかけた数千人の聴衆に手を振りながら、演台へと歩いて行った。会場は、青地に白で「Obama」と書かれたプラカードで埋め尽くされていた。背後には、シカゴ出身の音楽ユニット、ジ・インプレッションズ（The Impressions）の「Keep on Pushing」が流れていた。これは1960年代の公民権運動を象徴する曲として知られている。オバマはイリノイ州選出の民主党上院議員ディック・ダービンに握手で迎えられた後、拍手と歓声を全身に浴びながら、30秒近くの間、一人で演台の前に立っていた。「ありがとう（Thank you）」と何度も繰り返した後、オバマは演説を始めた（Bernstein, 2007, May 29）。

（1）オバマの自伝
　オバマはまず、自分が民主党全国大会で基調演説をしているという事実の重要性を強調しつつ、自分の家族の歴史を語り始める（Obama, 2004, July 27）。オバマの父親はケニアの小さな村で育った。彼はヤギの世話をしながら、ぼろぼろの学校に通った。彼の父親、すなわちオバマの祖父は、住み込み料理人としてイギリス人に仕えた。彼は自分の息子に対して大きな夢を抱いた。そして、その夢は実現された。彼の息子、すなわちオバマの父親が、奨学金を得て、アメリカ合衆国で学んだからだ。ここでオバマはアメリカ合衆国を「魔法の土地（magical place）」、「自由と機会の灯台（beacon of freedom and opportunity）」と呼ぶ。そうすることで、オバマは聴衆の愛国心を刺激し、アメリカ合衆国に対する彼らの信頼を再構築しようとする（Obama, 2004, July 27）。
　オバマは続いて自分の母親の話をする。オバマの母親はカンザス州で生まれた。彼女の父親、すなわちオバマの祖父は、大恐慌期、油田や農場で働いた。

真珠湾攻撃の翌日、彼は軍への入隊を志願し、ジョージ・パットン率いる陸軍に加わり、ヨーロッパ戦線を回った。残されたオバマの祖母は、赤ん坊を育てながら、爆撃機製造工場で働いた。終戦後、彼らは復員兵援護法（G.I. Bill）によって学び、アメリカ連邦住宅局（F.H.A.）の支援によって家を買い、のちに機会を求めて遠くハワイへと渡った。彼らもまた、自分の娘に対して大きな夢を抱いた。

　自分の両親はアメリカ合衆国に秘められた可能性を強く信じていたとオバマは言う。彼らはオバマに「恵みを受けた（blessed）」という意味を持つ「バラク（Barack）」という名前を付けた（Obama, 2004, July 27）。これは寛容なアメリカ社会において、アフリカ系の名前が不利に働くことはないと彼らが信じていたからである。またオバマの両親は裕福ではなかったにもかかわらず、オバマがアメリカ合衆国において最良の学校で学ぶことを思い描いていた。なぜなら、寛大なアメリカ社会において、個人が自分の可能性を追求するために裕福である必要はないと彼らが信じていたからである。すでにこの世を去った両親は基調演説を行う自分の姿を誇らしく見下ろしていることだろうとオバマは述べる。

　オバマは両親の期待どおり、アメリカ合衆国最良の学校の一つ、ハーバード大学で法学博士号を取得した。そして、民主党全国大会で基調演説を行うに至った。その事実が、彼の両親の信念の正しさとアメリカ合衆国に秘められた可能性を物語っている。オバマは自分の生い立ちの多様性に感謝し、自分の両親の夢が二人の娘たちへと引き継がれていることを確認する。また、自分の人生の物語が大きなアメリカの物語の一部だということ、そしてその物語はアメリカ合衆国以外のいかなる国においてもあり得ないということを強調する。

　こうしてオバマは自分の家族の物語を語り、それをアメリカ合衆国の物語の一部に位置づけることで、語り手としての自分に対する聴衆の信頼を確保しようとする。民主党全国大会は、来る大統領選に向けて、民主党が信じるアメリカ合衆国の形を確認する場所である。オバマは自分の家族の歴史をとおしてこの国の歴史を語ることで、自分の人生がアメリカ合衆国の歴史と一体化しているということ、そして自分にはアメリカ合衆国のあり方を語る資格があるとい

うことを聴衆に示していく。

（2） アメリカ的価値観

　語り手としての信頼を確立したオバマは、続いて彼が信じるアメリカ合衆国の形について述べていく。アメリカ合衆国の偉大さは高層ビルや軍事力や経済力のみによって測られるものではないとしてブッシュ政権を暗に批判した後、オバマはアメリカ人たちの誇りの根源をアメリカ合衆国独立宣言の中の以下の一節に見出す。

> We hold these truths to be self-evident, that all men are created equal, that they are endowed by their Creator with certain unalienable Rights, that among these are Life, Liberty and the pursuit of Happiness.（The Declaration of Independence, 1776）
>
> われわれは、以下の事実を自明のことと信じる。すなわち、すべての人間は生まれながらにして平等であり、その創造主によって、生命、自由、および幸福の追求を含む不可侵の権利を与えられている。

200年以上前に書かれたこの文章こそが、アメリカ合衆国の本質を指し示しているとオバマは言う。毎晩、子どもたちを抱き寄せながら、彼らが十分な食事と衣服と安全を与えられていると実感できるということ。突然ドアをノックされることなく、自分の考えを述べ、文章にすることができるということ。賄賂を払うことなく、自分のアイディアをビジネスへと転換できるということ。報復を恐れることなく、政治に参加できるということ。そして、自分たちの投票がほとんどの場合、しっかりと数えられるということ。 ── これらはアメリカ的な自由主義と民主主義の精神をオバマ自身の言葉で言い換えたものだが、オバマはこうした「小さな奇跡（small miracles）」の積み重ねの中にアメリカ合衆国の本質を見る（Obama, 2004, July 27）。

　今回の大統領選においては、これらのアメリカ的価値観を再確認し、これらに対する信頼を取り戻すことが求められているとオバマは述べる。そして、厳しい現実に屈することなく、これらの価値観を守り抜くことが、前の世代から

引き継いだ遺志と次の世代に対する約束を守ることにつながると続ける。このように述べることで、オバマは今回の大統領選を過去から未来へと続くアメリカ合衆国の歴史の中に位置づけようとする。

（3）民衆の期待

　民主党支持者、共和党支持者、無党派を問わず、すべてのアメリカ人たちに対して、オバマは「まだやるべきことはある（We have more work to do.）」と訴える（Obama, 2004, July 27）。そして、厳しい現実に直面する複数のアメリカ人たちの姿を描写していく。――イリノイ州でオバマが出会った労働者は、勤め先の工場がメキシコに移設される際に職を失い、現在では時給7ドルの仕事をめぐって我が子と競い合わなければならない。職と健康保険を失ったある父親は、息子の薬代として必要な一月当たり4,500ドルをどのように賄うかに頭を悩ませている。ある若い女性は、成績もよく、やる気もあるのに、資金がないために大学に行けずにいる。

　このようにアメリカ人たちが抱える問題を列挙するオバマだが、その一方でこれらの人びとが自分たちの問題のすべてを政府が解決することを望んでいるわけではないことを確認する。オバマによれば、アメリカ人たちは自分が納めた税金が福祉事務所や国防総省によって浪費されることを望んでいない。彼らは教育のすべてを政府任せにするのではなく、自らが進んで子どもたちを教育しなければならないということを知っている。また彼らは子どもの成功のためにはテレビを消さなければならないということ、そして本を手にする黒人の若者は白人の真似をしているというような中傷を排除しなければならないということを知っている。

　オバマによれば、これらの人びとは政府に頼ることなく、自分の力で道を切り拓く意志を持っている。しかし、それと同時に彼らは苦境から脱するためのいくらかの政治的働きかけを必要としている。政治的な優先順位を少し変えることで、アメリカ合衆国のすべての子どもたちが安定した生活を手にすることができる。そのような未来を実現してくれる人物として、オバマはジョン・ケリーの名を挙げる。

第 2 章　2004 年民主党全国大会基調演説　19

（4）ジョン・ケリー

　民主党全国大会基調演説の大きな目的の一つは、大統領候補を称賛することである。オバマはここで、ジョン・ケリーがいかに大統領にふさわしい人物であるかを聴衆に説いていく。オバマによれば、ケリーは共同体や信義や奉仕といった理想を体現している。ケリーはベトナム戦争に従軍し、約 20 年間アメリカ合衆国上院議員を務めた。彼は岐路に立たされたとき、厳しくとも正しい道を選んできた。このようにケリーの経歴を紹介しながら、オバマは彼がアメリカ的価値観の最良の部分を体現していることを示していく。

　続いて、オバマはケリーの政治的信念を具体的な政策をとおして聴衆に伝えようとする。ケリーは海外移転する企業に税制優遇措置を与える代わりに、国内で雇用を生み出す企業にこれを与える。ケリーはワシントンの政治家たちが加入しているのと同様の医療保険にすべてのアメリカ人たちが加入できるようにする。ケリーは石油会社や産油国の意向に左右されないエネルギーの自立を推進する。ケリーは憲法によって保障された自由を堅守すると同時に、信仰の違いによって人びとが仲違いすることがないよう配慮する。そして、ケリーは戦争が一つの選択肢ではあるものの、最初の選択肢ではないと考えている。

　このようにオバマは、ケリーの政治的信念と政策的立場を述べていく。それは現ブッシュ政権が体現する共和党的価値観に対して、民主党的価値観の特徴とその優位性を主張していく試みでもある。

（5）戦　　争

　この演説が行われたとき、アメリカ合衆国は 2001 年 9 月 11 日の同時多発テロ事件を受けて、アフガニスタンとイラクにおける戦争の最中にあった。これらの戦争をめぐっては、その正当性の有無を含めて、さまざまな議論が巻き起こっていた。2004 年の大統領選においては、ブッシュ政権が始めたこれらの戦争に対する評価が一つの論点となっていた。これを踏まえて、オバマは戦争について語り始める。

　オバマはまず、イリノイ州で彼が出会ったシェイマス（Shamus）という一人の若者について語る。シェイマスは、長身で、澄んだ目をした、愛想のよい

若者だった。彼は海兵隊に加わり、翌週イラクへと赴くところだった。軍に入隊した理由を彼に尋ねたオバマは、アメリカ合衆国とその指導者に対するシェイマスの絶対的な忠誠と献身の精神に触れた。オバマによれば、シェイマスは自分の子どもがそうであってほしいと誰もが願うような若者だった。シェイマスの入隊理由を聞いたオバマは、「彼が私たちに尽くしているのと同じように、私たちはシェイマスに尽くしているだろうか（Are we serving Shamus as well as he is serving us?）」と自分自身に問いかけたと言う（Obama, 2004, July 27）。

続いてオバマは戦死者たちに思いを馳せる。彼らは誰かの息子や娘であり、夫や妻であり、友人や隣人である。オバマは彼らとその家族の苦境を描写していく。ある兵士の家族は、主たる収入源を失い、毎日の暮らしをどのようにやり繰りするかに頭を悩ませている。ある兵士は戦闘で手足を失い、精神を傷つけられたにもかかわらず、予備兵であったために長期的な医療上の優遇を受けられずにいる。

若者たちを危険な場所へと送り出すとき、残されたアメリカ人たちには重い責任が生じるとオバマは言う。数をごまかしたり、彼らが戦地へと赴く本当の理由を隠したりしてはいけない。彼らがいない間、残された家族の面倒をみなければならない。彼らが帰国した際には、彼らをねぎらわなければならない。そして、戦いに勝利し、平和をもたらし、世界の尊敬を集めることができないのなら、決して戦争を始めたりしてはならない。このように語るオバマに聴衆は歓声で応える。

ここでオバマは戦争を行う者たちの責任を語ると同時に、ブッシュ政権による戦争のあり方を批判しているが、その一方でケリーが戦争そのものに反対しているわけではないことを確認する。世界には敵が存在する。これらの敵を見つけ出し、打ち破らなければならない。かつてベトナム戦争において仲間を救うためにその身を捨てることをためらわなかったのと同じように、アメリカ合衆国を守るために軍事力を行使することをケリーはためらわないだろうとオバマは述べ、ケリーが「テロとの戦い」において強い指導力を発揮し得ることを強調する。

（6） 多様性と連帯

　ここでオバマはケリーの政治的信念を代弁する形で、自分が信じるアメリカ合衆国の形を述べていく。アメリカ合衆国を特徴づける個人主義の傍らには、すべてのアメリカ人たちが一つの国民としてつながっているという感覚があり、そのことをケリーは知っているとオバマは言う。そして次のように続ける。——文字を読めない子どもがいたら、たとえそれが自分の子どもではなかったとしても、心配になる。薬代か家賃のどちらか一方を選ばなければいけない老人がいたら、たとえそれが自分の祖父母ではなかったとしても、自分の人生は貧しくなる。弁護士や適切な手続き無しにアラブ系アメリカ人の家族が捕らえられたとしたら、自分の市民としての自由が侵害されたと感じる。

　ここでオバマは「多にして一つ（E pluribus unum: Out of many, one）」というアメリカ合衆国のモットーを引用した後、以下のように述べる。

> Now even as we speak, there are those who are preparing to divide us --- the spin masters, the negative ad peddlers who embrace the politics of "anything goes." Well, I say to them tonight, there is not a liberal America and a conservative America --- there is the United States of America. There is not a Black America and a White America and Latino America and Asian America --- there's the United States of America. (Obama, 2004, July 27)

> こうして話をしている最中にも、私たちを仲違いさせようとする者たちがいる。情報操作の達人や中傷広告の専門家など、「何でもあり」の政治を信奉する者たちだ。今夜、彼らに言いたいことがある。リベラルなアメリカや保守的なアメリカといったものは存在しない。——存在するのは、アメリカ合衆国だけだ。黒人のアメリカ、白人のアメリカ、ラテン系のアメリカ、アジア系のアメリカといったものも存在しない。——存在するのは、アメリカ合衆国だけだ。

この一節は、おそらくこの基調演説の中でもっとも注目を集めた部分である。2008年大統領選におけるオバマの一連の演説の中でも、この一節はたびたび使われている。ここでオバマは、民主党と共和党、リベラルと保守、黒人と白

人というように、アメリカ人たちを分断する二項対立的な語りのあり方を問題視している。そして、その代わりに、アメリカ人という一つの塊の存在を再確認し、そこに肯定的な意味を見出そうとしている。オバマは続ける。

> The pundits like to slice-and-dice our country into red states and blue states; red states for Republicans, blue states for Democrats. But I've got news for them, too. We worship an "awesome God" in the blue states, and we don't like federal agents poking around in our libraries in the red states. We coach Little League in the blue states and yes, we've got some gay friends in the red states. There are patriots who opposed the war in Iraq and there are patriots who supported the war in Iraq. We are one people, all of us pledging allegiance to the stars and stripes, all of us defending the United States of America.（Obama, 2004, July 27）

> 識者たちは、この国を赤い州と青い州に分けたがる。赤い州には共和党支持者が住み、青い州には民主党支持者が住むというように。彼らに言いたいことがある。青い州に住む者たちも「偉大な神」を崇拝するし、赤い州に住む者たちも連邦政府の役人が自分たちの図書館を調べ回るのを好まない。私たちは青い州で少年野球の指導をするし、赤い州に同性愛者の友人を持つ。イラク戦争に反対した愛国者もいれば、イラク戦争を支持した愛国者もいる。私たちは一つの民だ。皆が星条旗に忠誠を誓い、皆がアメリカ合衆国を守っている。

ここでオバマは、「青い州に住むリベラルな民主党支持者はあまり信心深くない」、あるいは「赤い州に住む保守的な共和党支持者は同性愛者を嫌う」というような単純化された認識に対する挑戦を試みている。現実のアメリカ社会は「青い州か赤い州か」か「リベラルか保守か」といった二項対立で語れるほど単純ではない。こうして、オバマはアメリカ合衆国の複雑な成り立ちを聴衆に思い出させると同時に、そのような複雑性を内に抱えつつも一つの塊を成す「アメリカ人」という集合体に可能性を見出そうとする。

(7) 希望の政治

オバマによれば、2004年の大統領選においては、「冷笑の政治（politics of cynicism）」を選ぶか、それとも「希望の政治（politics of hope）」を選ぶかが問われている（Obama, 2004, July 27）。そして、ケリーとエドワーズという二人の候補者たちは、希望の政治を体現している。互いを批判し合う二項対立的な語りに対して、多様な人びとの集合体としてのアメリカ合衆国の可能性を信じるオバマの語りは希望に満ちているが、オバマによれば、それは根拠のない楽観主義ではない。オバマは現実の問題が念ずれば自ずと解決されると期待しているわけではない。オバマの楽観主義は、建国以来、アメリカ合衆国を方向づけてきた価値観に支えられている。オバマはそれを以下のように説明する。

> I'm talking about something more substantial. It's the hope of slaves sitting around a fire singing freedom songs; the hope of immigrants setting out for distant shores; the hope of a young naval lieutenant bravely patrolling the Mekong Delta; the hope of a millworker's son who dares to defy the odds; the hope of a skinny kid with a funny name who believes that America has a place for him, too. (Obama, 2004, July 27)
>
> 私はもっと本質的なことについて話している。私が話しているのは、焚き火の周りに座り、自由の歌を歌う奴隷たちの希望のことだ。遠くの海岸に向けて出発する移民たちの希望のことだ。メコン・デルタを勇敢に巡回する若き海軍将校の希望のことだ。通例を覆そうとする工場労働者の息子の希望のことだ。アメリカには彼の居場所もあると信じる奇妙な名前の痩せた子どもの希望のことだ。

このようにオバマはアメリカ合衆国に生きた奴隷や移民たちに言及することで、自分の政治的楽観主義をアメリカ合衆国の歴史へと接続する。また、オバマはケリーやエドワーズや自分自身の若き日に言及することで、自分たちがその希望の政治を体現していることを聴衆に印象づける。

大胆不敵な希望（the audacity of hope）——逆境の中にあり、先が見えな

くとも、希望を持ち続けること。これがアメリカ合衆国の偉大さの源であり、この国をよりよい未来に向けて方向づけていくとオバマは言う。そして、次の力強い一節で演説を締めくくる。

> America! Tonight, if you feel the same energy that I do, if you feel the same urgency that I do, if you feel the same passion that I do, if you feel the same hopefulness that I do --- if we do what we must do, then I have no doubt that all across the country, from Florida to Oregon, from Washington to Maine, the people will rise up in November, and John Kerry will be sworn in as President, and John Edwards will be sworn in as Vice President, and this country will reclaim its promise, and out of this long political darkness a brighter day will come.（Obama, 2004, July 27）

> アメリカよ！ あなたたちが今夜、私が感じるのと同じエネルギーを感じるのなら、私が感じるのと同じ切迫性を感じるのなら、私が感じるのと同じ情熱を感じるのなら、私が感じるのと同じ希望を感じるのなら ―― もし私たちが私たちの為すべきことを為すのなら、私は以下のことを確信する。フロリダ州からオレゴン州まで、ワシントン州からメイン州まで、11月に人びとは立ち上がり、ジョン・ケリーは大統領に選出され、ジョン・エドワーズは副大統領に選出され、この国は望みを取り戻すだろう。そして、この長い政治の暗闇を抜けて、明るい毎日が訪れるだろう。

マーティン・ルーサー・キング・ジュニアの「私には夢がある（I Have a Dream）」演説を彷彿とさせる詩的な言い回しで、オバマはケリー大統領の誕生と希望の政治の到来を予言する。聴衆の熱狂と歓声はいつまでも静まらなかった。

3. 反　　　響

　オバマの基調演説は、民主党全国大会に集まった党員たちの間に熱狂を巻き起こした一方で、メディア関係者や政治家たちの間でも概ね好意的に受け止められた。MSNBCで政治番組の司会を務めるクリス・マシューズ（Chris

Matthews) は、基調演説の直後、「聞いてください。今、私の足は震えています。これは驚嘆すべき、歴史的瞬間です。これは本当に驚異的な瞬間です。こんな基調演説者は見たことがない」と述べ、同席したミズーリ州選出の民主党下院議員リチャード・ゲファード（Richard Gephardt）は「スターが誕生しました」と応じた（Hardball with Chris Matthews, 2004, July 27）。さらにマシューズは、少し後に同じ番組の中で以下のように述べている。

> I have seen the first black president there. And the reason I say that is because I think the immigrant experience combined with the African background, combined with the incredible education, combined with his beautiful speech, not every politician gets help with the speech, but that speech was a piece of work. (Hardball with Chris Matthews, 2004, July 27)
>
> 私はそこに史上初の黒人大統領を見ました。なぜそんなことが言えるのかというと、アフリカ系の背景、素晴らしい学歴、美しい演説、それらと混ざり合った移民としての体験。演説によって助けられる政治家は多くないです。しかし、あの演説は傑作でした。

オバマの基調演説を評価する声は他にも上がった。オバマとともにハーバード大学法科大学院に通ったアラバマ州選出の民主党下院議員アーサー・デイヴィス（Arthur Davis）は「とても、とても力強い演説だった。…演説は民主党的価値観を力強く宣言していた」と語り、ミシガン州デトロイト出身の代議員ウィリー・ハンプトン（Willie Hampton）はオバマの基調演説が「一つのアメリカ（one America）」を強調したことを高く評価し、子どもたちのために我われは一つにならなければならないと述べた（Obama looks to own past, 2004, July 28）。また、CNN のジェフ・グリーンフィールド（Jeff Greenfield）は、オバマの演説を「過去四半世紀における本当に素晴らしい基調演説の一つ」と評し（Bianco, 2004, July 28）、インディペンデント紙のルパート・コーンウェル（Rupert Cornwell）は、史上初の黒人大統領候補の筆頭はコリン・パウエルからバラク・オバマに移ったと述べた（Cornwell, 2004, July 27）。

オバマの基調演説は、公共放送局 PBS といくつかのケーブルテレビ局によって中継されたものの、ABC、CBS、NBC などの主要テレビ局はこれを中継しなかった（Bianco, 2004, July 28; Dauber, 2004, July 29）。クリスチャン・サイエンス・モニター紙のジェレミー・ダウバー（Jeremy Dauber）は、この事実を嘆きつつ、「彼らは今後半世紀のアメリカ政治において、もっとも刺激的で重要な発言者の一人になるかもしれない人物の全国デビューを逃した」と記した（Dauber, 2004, July 29）。
　このように、メディアではオバマの基調演説を好意的に受け止める声が多く聞かれた。これは当時イリノイ州の上院議員に過ぎず、全国的にはそれほど知名度が高くなかったオバマが、大舞台で期待を上回る基調演説を行ったことに対する人びとの驚きを反映しているだろう。また、共和党をはじめとする反民主党勢力の批判の矛先はケリーとエドワーズに向けられており、基調演説者のオバマを強く批判する必要がなかったということも、オバマの演説に対する否定的意見が少なかった一因かもしれない。そうした事情を差し引いたとしても、オバマの基調演説が民主党大会の歴史に残る演説であること、そして演説家としてのオバマを代表する演説の一つであることは間違いない。

4. 学術的議論

　オバマの基調演説は研究者たちの学術的関心を集めた。ここではコミュニケーション研究者による代表的な研究として、デイヴィッド・A・フランク（David A. Frank）とマーク・ロウレンス・マクフェイル（Mark Lawrence McPhail）による共著論文と、ロバート・C・ロウランド（Robert C. Rowland）とジョン・M・ジョーンズ（John M. Jones）による共著論文の二つを吟味する。そして、その作業をとおして、オバマの基調演説についての理解を深めることを目指す。

（1） フランクとマクフェイル

　フランクとマクフェイルは、その共著論文において、オバマの基調演説についての二つの異なった解釈を提示する。一方でユダヤ系白人のフランクは、多様な聴衆の体験を取り込んだオバマの演説を、人種間の和解へと聴衆を誘う「統合のレトリック（rhetoric of consilience）」として評価する（Frank & McPhail, 2005）。他方で黒人のマクフェイルは、差異を乗り越えた統合を目指すオバマの語りが、結果として黒人たちの被差別体験の蓄積と社会的公正に向けての歩みを無視していると批判し、同じ民主党全国大会で行われた黒人指導者アル・シャープトン（Al Sharpton）の演説をより高く評価する。このようにフランクとマクフェイルはオバマの演説に対する対照的な読みを提示しつつも、彼らが「別べつに一緒に書く（write together separately）」と呼ぶ共著論文執筆の試みをとおして、人種間の和解に向けた語りの空間を生み出そうとしている（Frank & McPhail, 2005, p. 573; Newman, 1996）。

　フランクはレトリックに備わった治癒的な機能を意識しつつ、アメリカ合衆国における人種をめぐる記憶をたどっていく。フランクによれば、200年間続いた奴隷制の廃止を可能にしたのは、奴隷制廃止論者たちのレトリカルな働きかけである。そこには非暴力的抵抗、請願書、そしてさまざまな形での議論が含まれる。特にエイブラハム・リンカーンのゲティスバーグ演説は、アメリカ合衆国独立宣言の革命的な解釈を提示することによって、奴隷制が生んだトラウマを癒し、奴隷制を正当化する主張を粉砕した。その100年後、公民権運動は人種隔離政策を打破したが、ここでもマーティン・ルーサー・キング・ジュニアの活動に代表される非暴力的抵抗と洗練されたレトリックが大きな力を発揮した。

　フランクは、アメリカ合衆国における進歩的な政治の可能性を20世紀における労働運動と公民権運動に見出す。労働者の団体交渉権は、民主党のフランクリン・D・ローズヴェルト政権において確立された。公民権法は、同じく民主党のリンドン・B・ジョンソン政権において制定された。フランクによれば、これらの二つの政権は民主党政治の成功例を示しているが、このローズヴェルト＝ジョンソン的な政治のあり方は、左派勢力の分裂と新保守主義の台頭に

よって勢いを失った。1960年代後半以降、進歩的な政治の語りは、それぞれに固有の体験や不満や要求を持つ複数の集団の出現によって分散化したとフランクは言う。

　フランクによれば、共通の目的に向けて複数の集団を束ねるような進歩的語りが存在しない中、新保守主義者たちは黒人と白人を仲違いさせようと働きかけた。この流れを受けて、白人大統領候補ビル・クリントン（Bill Clinton）は、南部の白人票を獲得するために黒人指導者ジェシー・ジャクソン（Jesse Jackson）を退けようとした。また、同じく白人大統領候補のアル・ゴア（Al Gore）は、別の黒人指導者アル・シャープトンを退けるのに失敗したため、大統領選に敗れた。これらの例を出しつつ、フランクは進歩的な政治の語りが、ローズヴェルト政権やジョンソン政権のときのような統一された声を失っていると指摘する。フランクによれば、ジェシー・ジャクソンやアル・シャープトンが体現する公民権運動的な語りは、人種の違いを越えて統一された左派の語りを生み出す力を持っていない。

　このように述べた後、フランクはシャープトンとオバマの演説を比較する。まずフランクはシャープトンの演説からジョージ・W・ブッシュ大統領に反論する形で述べられた以下の一節を引用し、彼の演説が公民権運動の記憶と黒人差別に対する補償論から逃れ切れていないことを確認する。

> You said the Republican Party was the party of Lincoln and Frederick Douglass. It is true that Mr. Lincoln signed the Emancipation Proclamation, after which there was a commitment to give 40 acres and a mule. That's where the argument, to this day, of reparations starts. We never got the 40 acres. We went all the way to Herbert Hoover, and we never got the 40 acres. We didn't get the mule. So we decided we'd ride this donkey as far as it would take us. (Sharpton, 2004, July 28)

> あなたは共和党がリンカーンとフレデリック・ダグラスの党だと言った。確かにリンカーンは奴隷解放宣言に署名した。そして、その後には40エーカーの土地と一頭のラバを与えるという約束が残った。これが今日にまで至る補償

論の出発点だ。私たちは 40 エーカーの土地をもらっていない。ハーバート・フーバー大統領まで待ったが、40 エーカーの土地はもらえなかった。ラバはもらえなかった。だから、私たちはこのロバ（民主党の象徴）にどこまでも乗っていくと決めたのだ。

シャープトンの戦闘的な言葉は聴衆を沸かせたが、フランクによれば、これは使い古された公民権運動的な語りを再現したものに過ぎない。黒人の被差別体験に焦点を絞ったこのような語りは、黒人を中心とした一部の民主党員たちを活気づける一方で、人種の壁を越えて進歩的な政治勢力を一つに束ねる力は発揮しない。黒人たちは自分たちの政治を人種の壁を越えた運動へと接続したときに最も大きな成果を得てきたとフランクは述べ、オバマの基調演説にその可能性を見出す。

　黒人の父親と白人の母親の間に生まれたオバマは、黒人の世界と白人の世界を行き来しながら育ってきた。その結果、オバマは異なる言語や価値観や伝統を受け入れつつ、共通の目的に向けて力を合わせることを聴衆に促す「統合のレトリック（rhetoric of consilience）」を獲得するに至ったとフランクは言う（Frank & McPhail, 2005）。オバマは黒人たちの被差別体験を軽視することなく、黒人以外の人びとの悲痛な体験について語ることができる。オバマは黒人と白人とそれ以外の人びとの現状への不満を、アメリカ合衆国独立宣言に書かれた自由と平等という理想が完全には実現されていない徴候と捉える。そして、オバマは多様な聴衆を「アメリカ人」という一つの塊にまとめ、彼らを自由と平等のより完全な実現という普遍的目標に向けて動員する。フランクは、オバマのような語りをとおしてこそ、奴隷制と人種隔離政策のトラウマは癒され得ると考える。

　マクフェイルは、オバマの演説に人種の統合を促す作用があるとするフランクの主張に同意しつつも、オバマの演説が「精神的に触発された戦闘性（spiritually inspired militancy）」という黒人の語りの伝統から逸脱しており、その結果、「人種の末梢（erasure of race）」を招いていると批判する（Frank & McPhail, 2005, p.582）。マクフェイルによれば、オバマは自らが提唱する希望の政治を語るにあたり、黒人たちの被差別体験を「焚き火の周りに座り、自

由の歌を歌う奴隷たち」といった表現に矮小化した上で、それを他のアメリカ人たちの歴史的体験と同列に並べている（Frank & McPhail, 2005, p.583）。このような語りは、黒人たちに固有の歴史的体験と白人たちが享受し続けている特権を見えなくさせる。

　人種について語ることなく抽象的な理想を語るオバマの演説に対して、シャープトンの演説はアメリカ合衆国の黒人たちが自由や正義や民主主義といった理想を一歩ずつ現実のものとしてきた歴史を具体的に語っているとマクフェイルは言う。マクフェイルによれば、シャープトンの演説は「アフリカ系アメリカ人たちによる公民権運動的な語りの伝統の最良の部分を体現している」（Frank & McPhail, 2005, p.584）。それは対抗的でありながらも開かれており、普遍的価値を肯定しつつもその実現に向けて人びとを扇動する。シャープトンの演説はオバマの演説よりも「はるかに優れている」とするマクフェイルにとって、シャープトンの演説よりもオバマの演説に共感する白人たちの存在こそが、アメリカ合衆国における人種問題の根深さを物語っている（Frank & McPhail, 2005, p.585）。

　オバマの基調演説が公民権運動から現在へと至る黒人運動の語りから逸脱していると批判するマクフェイルの議論と、この演説が公民権運動の伝統を乗り越えた新しい語りの可能性を指し示しているとするフランクの議論は、一つの結論へと収斂することはない。彼らはオバマの基調演説に対する自分たちの異なる解釈が、人種間の真の融和に向けての対話を触発することを期待して稿を閉じる。

　フランクとマクフェイルがこの共著論文で提示した二つの視点は、アメリカ合衆国の政治家、ジャーナリスト、評論家、研究者、一般市民たちがオバマの基調演説に対して抱いた二つの異なった反応を要約していると言える。一部のアメリカ人たちは、人種の違いによって自分たちを「黒」と「白」とに分断する従来の二項対立的な語りに見切りをつけ、オバマが提示する「アメリカ人」という塊に可能性を見出そうとした。その一方で、別のアメリカ人たちは、普遍的理想を語るオバマが現実から目を背け、黒人たちが背負わされてきた負の遺産を帳消しにしようとしていると憤った。

フランクとマクフェイルの議論はどちらも説得力があり、これらの優劣を論じることにあまり意味はないかもしれない。しかし、オバマがのちに史上初の黒人大統領に選出されたこと、そしてその過程で彼の演説が大きな役割を果たしたことを踏まえるならば、アメリカ人たちの多くはシャープトンの演説よりもオバマの演説により説得力を感じたと言ってよい。オバマの演説が黒人差別の歴史と公民権運動の記憶に対する配慮に欠けているとしても、それは黒人大統領の誕生という歴史的快挙をもたらした。その意味において、黒人たちは人種の壁を越えた政治的実践によってもっとも大きな成果を得てきたとするフランクの言葉は正しかったと言えるだろう。

（2）ロウランドとジョーンズ

　ロウランドとジョーンズは、オバマの基調演説が多くの聴衆を魅了することができたのは、この演説がアメリカン・ドリームの物語を語っているからだと分析する（Rowland & Jones, 2007）。彼らはまず、2004年の大統領選において、ジョージ・W・ブッシュ大統領が再選されたという事実について考察する。この事実は、表面的にはアメリカ人たちの保守化傾向を表していると考えられるかもしれない。ピュー・リサーチ・センターによる2005年春の調査では、39パーセントの回答者が自分は保守派であると答えた一方で、自分がリベラル派であると答えた回答者は19パーセントだった（Rowland & Jones, 2007, p.426）。

　しかし、この表面上の保守化傾向とは裏腹に、具体的な政策の中身について問われた場合、アメリカ人たちはリベラルな政策を支持する傾向がある。同じく2005年春のピュー・リサーチ・センターの調査結果によると、65パーセントの回答者は、たとえ増税を伴ったとしても、政府による医療保険をすべての国民に提供すべきだと考えている。また、86パーセントの回答者が最低賃金の引き上げを支持している。アメリカ人たちの多くは、医療、教育、社会保障、環境保護、貧困対策などの国内政策に関して、リベラルな政策を支持する傾向が強い。ピュー・リサーチ・センターは、アメリカ人たちが自分たちをどのように呼んでいるかではなく、彼らがどのような具体的政策を支持している

かに基づいて、彼らの政治的傾向を分析した。その結果、41パーセントのアメリカ人たちが民主党的な政策を支持しているのに対して、共和党的な政策を支持しているのは29パーセントだということがわかった（Rowland & Jones, 2007, pp.426-427）。

　アメリカ人たちの多くはリベラルな政策を支持しているのにもかかわらず、自分たちを保守派だと自認している。なぜこのようなことが起こり得るのだろうか。ロウランドとジョーンズは、この問いに対する答えを、アメリカン・ドリームの物語の中に見出そうとする。彼らによれば、過去20年間における保守派の優勢は、アメリカ社会を特徴づけるこの物語を保守派が独占してきたことに由来している。

　ロウランドとジョーンズによれば、アメリカン・ドリームとは「普通の人びと（ordinary people）」が勤勉と弛まぬ努力とによって「偉業（extraordinary things）」を成し遂げる物語である（Rowland & Jones, 2007, p.430）。この物語には、個人と社会という二つの側面が含まれている。アメリカン・ドリームの個人的側面においては、自助努力と自己責任が強調される。努力する者は報われるが、努力しない者は報われない。ここでは、成功の可否は個人の努力次第とされる。その一方で、アメリカン・ドリームの社会的側面においては、共感と連帯が強調される。同じように努力していても、成功する者としない者がいる。この差が生じるのは、社会に欠陥があるからである。こうして、社会変革への機運が芽生える。

　20世紀の大部分において、アメリカン・ドリームの物語は、その個人的側面と社会的側面の均衡によって特徴づけられていたとロウランドとジョーンズは言う（Rowland & Jones, 2007, p.427）。しかし、ロナルド・レーガン（Ronald Reagan）に代表される保守派の政治家たちは、アメリカン・ドリームの個人的側面を強調し、社会的側面を軽視することで、この物語を保守派の占有物とすることに成功した。こうして、アメリカ人たちは実際にはリベラルな政策を支持していたとしても、アメリカン・ドリームを巧みに語る保守派の政治家たちを結果的に支持することとなった。オバマは民主党全国大会基調演説において、個人的側面と同時に社会的側面を強調したアメリカン・ドリーム

の物語を語り、この強力な物語を共和党のもとから民主党のもとへ取り戻そうとした。ロウランドとジョーンズは、このように分析する。

　ロウランドとジョーンズの指摘どおり、オバマの基調演説には普通のアメリカ人たちの物語が散りばめられている。彼らはそれぞれ懸命に生きているが、その努力に見合った暮らしを手にしていない。オバマはそこに個人の問題を越えた社会の問題を見出し、その解決に向けて共に努力しようと聴衆に呼びかける。オバマの基調演説においては、自助努力と自己責任に加えて、共感と連帯が強調される。そこでは、かつてアメリカン・ドリームの物語を特徴づけていた個人的側面と社会的側面の均衡が取り戻されている。その意味において、オバマはリベラルというよりも中道的なアメリカの物語を語っていると言えるだろう。共和党が個人的側面のみを強調したアメリカン・ドリームを語るようになり、その物語にアメリカ人たちが慣れ親しんだ結果、オバマが語る均衡のとれたアメリカン・ドリームの物語がリベラルな響きを獲得した。ロウランドとジョーンズの研究を踏まえれば、このような解釈が可能になる。

5. お わ り に

　本章では、2004年民主党全国大会におけるオバマの基調演説について考察した。これまでの議論から明らかなとおり、オバマはこの演説において、多様性を内に抱えつつも統一されたアメリカ合衆国の未来を語った。現代のアメリカ合衆国においては、「リベラルと保守」あるいは「黒人と白人」といった二項対立によって政治を語る傾向が強くなっている。これが民主党と共和党の間の党派対立を先鋭化させると同時に、オバマが所属する民主党内においても政治的志向の違いによる対立を生んでいる（Rowland & Jones, 2007）。このような現状を踏まえつつ、オバマはリベラルでも保守でもない「アメリカ合衆国」を語り、黒人でも白人でもない「アメリカ人」を語った。二項対立的な語りに慣れ親しんだ聴衆は、オバマが語る「一つのアメリカ」の物語を新鮮な驚きとともに受け入れた。

　その一方で、オバマが語るこの新しいアメリカの物語は、この国の歴史と伝

統に深く根差したものでもあった。オバマが語ったのは、建国以来、アメリカ合衆国を一つに束ねてきた強力な物語、すなわちアメリカン・ドリームの物語である（Rowland & Jones, 2007）。そして、その物語は「すべての人間は生まれながらにして平等である」とするアメリカ合衆国独立宣言の精神によって支えられている。この点を踏まえるならば、オバマはこの基調演説において、聴衆がこれまでに聴いたことのない未知の物語を紡ぎ出したのではなく、彼らが忘れていた懐かしい物語を語りなおしたのだと言える。この古くて新しい物語をとおして、聴衆は自由や平等や正義といったアメリカ的価値観を再確認し、これらに対する信頼を取り戻すきっかけを得ることができた。

　オバマはこの基調演説において、自分の人生を語り、普通のアメリカ人たちの物語を語り、アメリカ合衆国の歴史を語った。また、過去の経験の違いによって対立し合う政治を捨て去り、共通の未来に向けて力を合わせる政治に希望を見出そうとした。これらの特徴は、オバマが後に展開する数かずの演説の中にも確認できる。その代表例として、次章では2008年大統領選におけるオバマの演説を吟味する。

注
1) 以下の記述には、オバマの演説からの引用と筆者の解釈が含まれている。

第3章

2008年大統領選における演説

1. はじめに

　2004年7月の民主党全国大会における基調演説によって同党を代表する政治家としての地位を確立したオバマは、同年11月の選挙において、イリノイ州選出のアメリカ合衆国上院議員に選出された。得票率70パーセントの圧勝だった (Slevin, 2007, November 13)。アメリカ合衆国上院議員となったオバマに対して、大統領への立候補を期待する声は次第に大きくなっていった (Babington, 2006, June 18)。高まる期待に応えるべく、2007年2月10日、オバマはイリノイ州スプリングフィールドで演説を行い、アメリカ合衆国大統領に立候補することを正式に表明した。2008年11月の大統領選投票日まで約2年間にわたってオバマが展開することになる長い選挙戦が幕を開けた瞬間だった。

　大統領就任を目指すオバマは、まず民主党大統領候補の座をめぐって、民主党予備選を戦わなければならなかった。元大統領夫人でニューヨーク州選出上院議員のヒラリー・クリントン (Hilary Clinton)、2004年大統領選における副大統領候補で元ノースキャロライナ州選出上院議員のジョン・エドワーズ (John Edwards)、デラウェア州選出上院議員でのちにオバマ政権の副大統領を務めるジョー・バイデン (Joe Biden)、ヒスパニック系ニューメキシコ州知事ビル・リチャードソン (Bill Richardson) をはじめとした民主党の有力政治家たちが大統領選への出馬を表明したが、その多くは予備選の冒頭で撤退し、実質的に予備選はオバマ、クリントン、エドワーズの三つ巴の戦いとなった。

2008年1月3日のアイオワ州党員集会において、民主党予備選は本格的に幕を開けた。白人人口が多いアイオワ州におけるこの党員集会で、オバマは二位のエドワーズ、三位のクリントンに得票率で10ポイント近い差をつけて勝利し、後の選挙戦に向けて弾みをつけた（Nagourney, 2008, January 4）。続く1月8日のニューハンプシャー州予備選においては、クリントンが僅差でオバマを抑えて勝利した（Healy & Cooper, 2008, January 9）。また、1月19日のネバダ州党員集会においても、クリントンが得票率でオバマを上回り、勝利した（Zeleny & Steinhauer, 2008, January 20）[1]。しかし、1月26日のサウスキャロライナ州予備選においては、オバマがクリントンに得票率で二倍の大差をつけて勝利した（Zeleny & Connelly, 2008, January 27）。熾烈な戦いが続く中、1月30日にはエドワーズが撤退を表明し、予備選はオバマとクリントンの一騎打ちとなった。オバマにとっては史上初の黒人大統領、クリントンにとっては史上初の女性大統領の座を賭けた戦いであり、その意味で歴史的な予備選だった。

中央政界に進出して間もないオバマは、大統領夫人としてワシントン政治の中枢で活躍してきた熟練政治家クリントンに対して、実績と人脈と資金力の点で劣っていた。しかし、指名争いが長期化するにつれて、オバマは若者と黒人を中心に着実に支持を増やし、やがて年齢、階級、性別、人種の差異を越えた幅広いアメリカ人たちの支持を得るに至った。党員集会と予備選挙が集中する2月5日のスーパー・テューズデイ（Super Tuesday）、そしてその後の予備選においてもオバマは善戦を続け、ついに2008年6月7日、クリントンはワシントンD.C.において撤退宣言を行うに至った。これによって民主党予備選は幕を閉じ、2008年8月27日、コロラド州デンバーで開催された民主党全国大会において、オバマは民主党の正式な大統領候補者となった。

ジョー・バイデンを副大統領候補に擁したオバマは、共和党の大統領候補ジョン・マケイン（John McCain）を相手に大統領選本選を戦い始めた。共和党の副大統領候補は、保守派として知られるアラスカ州知事サラ・ペイリン（Sarah Palin）だった。マケインは選出されれば史上最高齢での大統領就任、ペイリンは選出されれば史上初の女性副大統領となるはずだった。オバマは予

備選に引き続き、力強い演説を繰り返し、聴衆に支持を訴えた。オバマの選挙対策チームはインターネットを駆使した巧みなメディア戦略を展開し、彼を支えた。オバマの選挙活動は功を奏し、支持は拡大した。公的選挙資金の受け取りを拒否したオバマのもとには、個人献金を中心に史上最高額の選挙資金が集まった（Luo, 2008, December 4）。そして、2008年11月4日、オバマは大統領選に勝利し、2009年1月20日、第44代アメリカ合衆国大統領に就任した。

この長い大統領選の過程で、オバマは全米各地を回り、演説を繰り返した。オバマの選挙戦が選挙対策を主導したデイヴィッド・プラフ（David Plouffe）やデイヴィッド・アクセルロッド（David Axelrod）をはじめとした多くの仲間たちによって支えられていたのは事実である。その一方で、オバマの演説家としての卓越した才能なしには、この大統領選における歴史的勝利はあり得なかっただろう。オバマは2008年大統領選において、何をどのように語ったのだろうか。それは2004年民主党全国大会基調演説の主題をどのように引き継いでいるのだろうか。以下では、2008年大統領選を代表する演説として、大統領選出馬表明演説、アイオワ州党員集会勝利演説、サウスキャロライナ州予備選勝利演説、そして大統領選勝利演説の4つを取り上げ、その特徴を吟味していく。

2. 大統領選出馬表明演説

2007年2月10日、アメリカ合衆国上院議員一期目を務めていた当時45歳のバラク・オバマは、イリノイ州スプリングフィールドで演説を行い、大統領選出馬を表明した。演説の場所として選ばれた旧州議会議事堂（Old State Capitol）は、1858年、のちに大統領となるエイブラハム・リンカーンが「分裂した家（House Divided）」演説を行った場所として知られている。この演説において、リンカーンは奴隷制を非難すると同時に、「内輪もめしている家は立ち行かない（A house divided against itself cannot stand）」という聖書の一節を引用しながら、聴衆に一つの国民として団結するよう呼びかけた（Lincoln, 1858, June 16）。凍てつくような寒さの中、何千人もの聴衆が

オバマの演説を聴くために会場に足を運んだ。ロックバンドU2の曲「City of Blinding Lights」が流れる中、妻と二人の子どもたちを伴って演壇に登場したオバマを、聴衆は拍手と歓声で迎えた（Nagourney & Zeleny, 2007, February 11; Tapper & Hinman, 2007, February 10）。

　オバマはまず、イリノイ州の冬の寒さを押して会場に足を運んだ聴衆に感謝した後、地元シカゴにおける自分の経験を述べていく。オバマはコロンビア大学を卒業した後、何のゆかりもないシカゴに移り、地域社会活動家として活動した。その仕事をとおして、オバマはシカゴの貧困地区の実情を目の当たりにした。そして、工場の閉鎖、教材の不足、犯罪といった問題が、アメリカ合衆国全体の政治や経済に深く関わっていることを実感した。

　困難に直面している者たちを助けるために法律がどのように役立つかを見極めるため、オバマはハーバード大学法科大学院に進学し、博士号を取得した。その後、オバマはシカゴに戻り、人権派弁護士として働くと同時に、シカゴ大学で憲法を教えた。これらの経験をとおして、オバマはアメリカ合衆国の建国理念である自由と平等は、有権者の政治参加があってはじめて実現し得るということを実感した。やがてオバマはイリノイ州議会の上院議員となり、今回の演説場所である州都スプリングフィールドを訪れ、いくつかの改革を成し遂げた。このようにオバマは、地元イリノイ州での経験を中心に自分の経歴と実績を述べた上で、以下のように大統領選出馬を表明する。

> It was here, in Springfield, where North, South, East, and West come together that I was reminded of the essential decency of the American people --- where I came to believe that through this decency, we can build a more hopeful America. And that is why, in the shadow of the Old State Capitol, where Lincoln once called on a house divided to stand together, where common hopes and common dreams still live, I stand before you today to announce my candidacy for President of the United States of America. (Obama, 2007, February 10)

　東西南北が一つに集まるここスプリングフィールドで、私はアメリカの人びと

にとって本質的な良識を再確認した。そして、その良識によって、もっと希望に満ちたアメリカを作ることができると信じるに至った。だから私は今日、かつてリンカーンが分裂した家に対して団結を呼びかけた場所、共通の希望と共通の夢が今も息づく場所、この旧州議会議事堂を背に、あなたたちの前に立ち、アメリカ合衆国大統領に立候補することを表明する。

このようにオバマは、イリノイ州スプリングフィールドが生んだ国民的人気の高い大統領リンカーンに自分の姿を重ね合わせつつ、大統領選への出馬を表明した。聴衆は拍手喝采し、オバマの名前を連呼することで、これに応じた。

オバマにとっては、その若さと政治経験の少なさが大統領選を戦う上での弱点となりかねなかった。のちに民主党予備選をオバマと争うことになる当時59歳のヒラリー・クリントンは、上院議員として、また大統領夫人として、長らくワシントン政治の中心で活躍してきた。これに比較すると、オバマの中央政界における経験不足が際立っていた。この懸念に対して、オバマは次のように応じる。

> I know that I haven't spent a lot of time learning the ways of Washington. But I've been there long enough to know that the ways of Washington must change. (Obama, 2007, February 10)
>
> 私は自分がワシントン流のやり方を身に付けるのに十分なだけの時間を過ごしてきたわけではないことを知っている。しかし、それはワシントン流のやり方が変わらなければならないということを理解するには十分な時間だった。

自分の若さと政治経験の少なさを逆手に取り、旧来のワシントン政治全体を変革する新しい指導者として自分を定義したオバマは、続いてアメリカ合衆国における変革の歴史を振り返る。イギリスからの独立、南北戦争の終結と奴隷解放、大恐慌からの景気回復、移民の受け入れ、西部への鉄道敷設、人類の月面着陸、公民権法の成立——これらの変革をアメリカ人たちが次つぎと成し遂げてきたことをオバマは確認する。そして、自分たちの世代も今、新しい変革を成し遂げるよう求められていると続ける。

このようにオバマは自分の大統領選をアメリカ合衆国における変革の歴史

の延長線上に位置づけた上で、自分たちが直面している課題を列挙していく。戦争、エネルギー、環境、教育、経済などに関する問題である。オバマによれば、これらの問題が解決されていないのは、適切な政策が見つからなかったからではない。これらの問題は、「指導力の欠如（the failure of leadership）」と「私たちの政治の矮小さ（the smallness of our politics）」のために放置された（Obama, 2007, February 10）。過去6年間のブッシュ政権において、アメリカ人たちは失敗の本質から目を背け、相手の政党や同性愛者や移民たちを非難するよう強いられてきた。そして、人びとが幻滅し、失望したところで、冷笑家とロビイストと利益団体が活動を開始した。

　当時の政治状況をこのように分析したオバマは、冷笑と分断によって特徴づけられた旧来の政治と訣別し、希望と連帯を基調とした新しい政治を切り拓くことを提案する。そして、そのためには有権者一人一人の働きかけが必要であると強調する。オバマが思い描く新しい政治の主体は、一人一人のアメリカ人である。ここからオバマは、経済、教育、医療、エネルギー、外交、戦争などに関して自分が掲げる政策を次つぎに述べていくが、その際に「世代（generation）」という言葉を繰り返し用いる（Obama, 2007, February 10）。この言葉は、市民を主体としたオバマの政治観を反映している。オバマは同じ時代に生を受けたアメリカ人たちが一つの世代として連帯し、社会を改善していく歴史的な運動として政治を捉えている。このことは以下のオバマの言葉からも読み取れる。

> That's why this campaign can't only be about me. It must be about us. It must be about what we can do together. This campaign must be the occasion, the vehicle, of your hopes, and your dreams. It will take your time, your energy, and your advice to push us forward when we're doing right, and let us know when we're not. This campaign has to be about reclaiming the meaning of citizenship, restoring our sense of common purpose, and realizing that few obstacles can withstand the power of millions of voices calling for change.（Obama, 2007, February 10）

だから、この選挙戦は私一人のためのものではあり得ない。これは私たち全員のためのものでなければならない。私たちがともに何を為すことができるかということが今問われている。この大統領選は、あなたたちの希望とあなたたちの夢を実現するための機会であり、手段でなければならない。あなたたちの時間とあなたたちのエネルギーとあなたたちの助言によって、私たちは正しいときには前に進み、間違っているときにはそれを知ることができるだろう。この選挙戦においては、市民性の意味を取り戻すこと、共通の目的を再認識すること、そして変革を求める数百万の声の前に立ちはだかる障壁はほとんどないと理解すること ── これらのことが問われている。

続けてオバマは再びリンカーンを持ち出しつつ、変革に向けて団結することを聴衆に促す。オバマによれば、リンカーンは言葉と信念と希望が持つ力を教えてくれている。また、人種や居住地域や宗教や社会的地位といった表層的な違いにかかわらず、アメリカ人たちは本質的に一つであるということを教えてくれている。オバマの力強い呼びかけは、演説を締めくくる以下の一節に引き継がれる。

> And if you will join with me in this improbable quest, if you feel destiny calling, and see as I see, the future of endless possibility stretching out before us; if you sense, as I sense, that the time is now to shake off our slumber, and slough off our fears, and make good on the debt we owe past and future generations, then I am ready to take up the cause, and march with you, and work with you --- today. Together we can finish the work that needs to be done, and usher in a new birth of freedom on this Earth. (Obama, 2007, February 10)

そして、あなたたちが私と一緒にこの不可能に思える旅に出るのなら。あなたたちが運命に呼びかけられていると感じるのなら。私と同じく、目の前に無限の可能性を秘めた未来が広がっているのをあなたたちが見るのなら。私と同じく、まどろみから奮い立ち、恐怖を捨て去り、過去の世代と未来の世代からの借りに報いるのは今だと感じるのなら。今日、私はその理想を胸に抱き、あなたたちとともに歩み、あなたたちとともに働く覚悟がある。私たちはともに為すべき仕事をやり遂げることができる。そして、この地上に新しい自由をもた

らすことができる。

このオバマの呼びかけによって、聴衆はオバマとともに大統領選を戦う同世代の仲間として自分たちを捉えるよう促されていく。

　以上確認したとおり、オバマはこの大統領選出馬表明演説において、自分の大統領選をアメリカ合衆国の歴史的歩みの中に位置づけた。そこでは彼の大統領選が、リンカーン大統領による奴隷解放やマーティン・ルーサー・キング・ジュニアによる公民権運動と同列に語られていた。これによって聴衆はオバマの大統領選がアメリカ現代史における大きな転機となり得ることを予感させられた。事実、オバマが大統領に選出されるということは、史上初の黒人大統領誕生という大きな歴史的転機がアメリカ合衆国に訪れるということを意味していた。オバマはそのことの重要性を強調すると同時に、その歴史的変革の担い手となるよう聴衆に呼びかけた。

3. アイオワ州党員集会勝利演説

　大統領選出馬表明演説によって本格的な選挙運動を開始したオバマの前に立ちはだかる最初の難関は、民主党予備選だった。オバマは大統領選本選に挑む前に、ヒラリー・クリントンやジョン・エドワーズをはじめとした経験豊富な民主党の政治家たちと競い合い、民主党大統領候補としての指名を勝ち取らなければならなかった。民主党予備選の初戦は、2008年1月3日のアイオワ州党員集会だった。オバマはこの党員集会において、37.6パーセントの得票率を獲得し、勝利した。得票率29.8パーセントのエドワーズ、得票率29.5パーセントのクリントンに大差をつけての圧勝だった（Nagourney, 2008, January 4）。

　この党員集会には記録的な数の有権者が参加したとされる。そのうちの約半数にとっては、今回が初めての党員集会への参加だったと伝えられている。そして、そのうちの40パーセントがオバマに投票し、30パーセントがクリントンに投票したとされる（Nagourney, 2008, January 4）。これらの事実から、

この年の民主党予備選に対する関心の高さ、そしてオバマに対する期待の高さがうかがえる。また、25歳以下の有権者の60パーセントがオバマに投票した一方で、65歳以上の有権者の45パーセントがクリントンに投票したという報道もある（Nagourney, 2008, January 4）。この事実から、オバマが特に若い有権者の期待を集めたことがわかる。

　白人が人口の圧倒的多数を占めるアイオワ州における勝利は、黒人のオバマにとって大きな弾みとなった。クリントンはその経験と実績を武器に大統領選本選に勝てる候補者として自分を打ち出してきたが、アイオワ州での選挙結果によって、オバマも十分に選挙に勝てる候補者であることが実証された。アイオワ州での勝利が確定した後、州都デモインにおいてオバマが行った勝利演説は、民主党予備選におけるオバマの演説を象徴するものの一つである。この演説の冒頭で、オバマは自分の勝利について以下のように述べている。

> They said this day would never come. They said our sights were set too high. They said this country was too divided, too disillusioned to ever come together around a common purpose. But on this January night, at this defining moment in history, you have done what the cynics said we couldn't do. You have done what the state of New Hampshire can do in five days. You have done what America can do in this new year, 2008.（Obama, 2008, January 3）

> この日は来ないと彼らは言った。私たちの目標は高すぎると彼らは言った。この国は分断され、希望を失い過ぎていて、共通の目的に向かって団結することはできないと彼らは言った。しかし、この一月の夜、この歴史に刻まれるべき決定的瞬間、私たちにはできないと冷笑家たちが言ったことを、あなたたちは成し遂げた。ニューハンプシャー州が5日後に成し得ることを、あなたたちは成し遂げた。この新しい年、2008年に、アメリカが成し得ることを、あなたたちは成し遂げた。

予備選の初戦における勝利はオバマにとって非常に重要なものだったが、オバマはここでその快挙を成し遂げたのが一人一人の有権者であることを強調している。そして、新しい大統領を選出し、それによってアメリカ合衆国に変革を

もたらす力が聴衆にはあるということを確認している。

　続いてオバマは自分が大統領に当選した後に取り組むべき課題を列挙していく。医療制度改革、税制改革、エネルギー改革、イラク戦争の終結、国際関係の改善、テロリズム対策、核兵器の削減、環境問題、貧困対策といった課題である。これらの課題に取り組む意欲を示したのち、オバマは彼に勝利をもたらした聴衆の活動に対して、ねぎらいと感謝の言葉を述べる。オバマの勝利はアイオワ州で彼のために選挙活動を展開した多くの支持者たちによって支えられていた。オバマはその苦労をシカゴにおける自分の経験と重ね合わせながら、以下のように述べる。

> I know how hard it is. It comes with little sleep, little pay and a lot of sacrifice. There are days of disappointment. But sometimes, just sometimes, there are nights like this; a night that, years from now, when we've made the changes we believe in, when more families can afford to see a doctor, when our children --- when Malia and Sasha and your children inherit a planet that's a little cleaner and safer, when the world sees America differently, and America sees itself as a nation less divided and more united, you'll be able to look back with pride and say that this was the moment when it all began. (Obama, 2008, January 3)

> それがどれだけ大変なことか、私は知っている。睡眠は不足し、報酬はほとんど期待できず、多くの犠牲を強いられる。失望する日もある。しかし、時折、ほんの時折、今日のような夜もある。何年か後、自分たちが信じる変革を私たちが成し遂げたとき、より多くの家族が医者にかかれるようになったとき、マリアとサーシャとあなたの子どもたちが今よりも少しだけきれいで少しだけ安全な地球を受け継いだとき、世界がアメリカを違う目で見るようになったとき、そしてアメリカにおける分断が弱まると同時に結束が強まったとき、あなたたちはこの夜のことを誇らしげに振り返り、あのときすべてが始まったと言うだろう。

　オバマのこの言葉を聴いた聴衆は、自分たちが歴史的な変革の担い手であると実感させられる。オバマはさらに変革に向けての希望を持つことを聴衆に促し

ていく。オバマにとって、希望とは逆境の中にあってもよりよい未来を信じて努力を続けることを意味する。このことをオバマは、今回の党員集会が行われたアイオワ州と次の予備選挙が行われるニューハンプシャー州で自分が出会ったアメリカ人の物語をとおして伝えていく。

> Hope is what I saw in the eyes of the young woman in Cedar Rapids who works the night shift after a full day of college and still can't afford health care for a sister who's ill --- a young woman who still believes that this country will give her the chance to live out her dreams.
>
> Hope is what I heard in the voice of the New Hampshire woman who told me that she hasn't been able to breathe since her nephew left for Iraq --- who still goes to bed each night praying for his safe return. (Obama, 2008, January 3)
>
> 希望とは、シーダー・ラピッズに住む若い女性の目に私が見たものだ。彼女は昼間、大学で勉強した後、夜勤で働いているが、それでも病気の姉妹の医療費を賄えずにいる。この若い女性は、この国が自分に夢を叶える機会を与えてくれると信じている。
>
> 希望とは、ニューハンプシャーに住む女性の声に私が聴いたものだ。彼女は自分の甥がイラクに派遣されて以来、気が休まることがないと言った。彼女は今も自分の甥が無事に帰国することを祈りながら、毎晩眠りに就く。

オバマはこのように、つらい境遇に置かれながらも希望を失わないアメリカ人たちの物語を語っていく。そして、自分の選挙戦がこれらの希望によって支えられていること、またこれらの希望を叶えられるかどうかは一人一人の有権者の選択にかかっていることを強調していく。オバマの演説において、一人一人のアメリカ人に固有の物語は過去と現在と未来における無数のアメリカ人たちの物語と共鳴し合い、歴史を貫く一つのアメリカの物語を紡ぎ出していく。

4. サウスキャロライナ州予備選勝利演説

　アイオワ州党員集会で華ばなしい勝利を収めたオバマだったが、続く1月8日のニューハンプシャー州予備選と1月19日のネバダ州党員集会においては、クリントンに敗北を喫した（Healy & Cooper, 2008, January 9; Zeleny & Steinhauer, 2008, January 20）。しかし、1月26日のサウスキャロライナ州予備選において、オバマは再び二位のクリントンを大きく引き離して勝利した（Zeleny & Connelly, 2008, January 27; Healy, 2008, January 27）。サウスキャロライナ州は民主党予備選が行われた最初の南部の州だった。黒人人口が比較的多いこの州において、オバマがどの程度の支持を集めるのかが注目されていた。また、22の州における党員集会と予備選が集中する2月5日のスーパー・テューズデイ（Super Tuesday）の動向を左右するという意味でも、この予備選は注目されていた。

　サウスキャロライナ州予備選において、オバマは55パーセントを得票し、27パーセントを得票したクリントン、18パーセントを得票したエドワーズを大きく引き離して圧勝した。この予備選では、推定53万人という記録的な数の有権者が投票したとされる。そのうちの半分以上がアフリカ系アメリカ人で、その約80パーセントがオバマに投票したという。オバマの勝利が黒人票によって支えられていたことがわかるが、その一方でオバマは白人からも一定の支持を得ている。オバマは白人票の約4分の1を獲得し、残りをクリントンとエドワーズが取り分けたと伝えられている。その後、サウスキャロライナ州ほど黒人人口が多くない州においてオバマがどれだけ善戦できるのかはまだわからなかったが、この予備選の結果、オバマはクリントンと互角に戦い、場合によってはこれを打ち負かし得る有力大統領候補として認識されるようになった（Zeleny & Connelly, 2008, January 27; Healy, 2008, January 27）。

　サウスキャロライナ州予備選の結果を受けてオバマが行った勝利演説は、2008年大統領選における彼の演説を象徴するものの一つだった。オバマはこの演説の冒頭で以下のように述べる。

第 3 章　2008 年大統領選における演説　*47*

> Over two weeks ago, we saw the people of Iowa proclaim that our time for change has come. But there were those who doubted this country's desire for something new, who said Iowa was a fluke, not to be repeated again. Well, tonight the cynics who believed that what began in the snows of Iowa was just an illusion were told a different story by the good people of South Carolina.（Obama, 2008, January 26）

> 二週間余り前、変革のときは来たとアイオワの人たちが宣言するのを私たちは目の当たりにした。しかし、この国が新しい何かを求めていることを疑う者たちもいた。彼らは、アイオワで起こったことはまぐれだ、二度と起こらないと言った。アイオワの雪の中で始まったことが幻に過ぎないと信じた冷笑家たちは、今夜、サウスキャロライナの善良な人びとによって別の物語を与えられた。

熱狂する聴衆を前にオバマは続ける。

> After four great contests in every corner of this country, we have the most votes, the most delegates --- and the most diverse coalition of Americans that we've seen in a long, long time.（Obama, 2008, January 26）

> この国の各地で行われた4つの大きな戦いを経て、私たちはもっとも多くの票と、もっとも多くの代議員と、もっとも多様なアメリカ人たちの連合を手にしている。このような多様な連合は、随分長い間、見たことがない。

このようにオバマは自分に対する支持が確実に拡大していること、そしてその支持は年齢、階級、人種、地域などの違いを越えて集まっていることを確認する。オバマは2月5日のスーパー・テューズデイに向けて、より多くのアメリカ人たちに自分を支持するよう呼びかけるが、その際、自分の選挙戦がアメリカ合衆国の政治のあり方に根本的な変革をもたらすものであることを強調する。オバマはロビイストや既得権益団体の私利私欲に左右されることなく、また党派間のイデオロギー対立に惑わされることなく、問題解決に向けて力を合わせる政治の実現を目指している。そして、そのためにアメリカ政治にまつわ

る悪しき習慣と固定観念を捨て去ることを聴衆に求める。

> It's a politics that uses religion as a wedge and patriotism as a bludgeon, a politics that tells us that we have to think, act, and even vote within the confines of the categories that supposedly define us, the assumption that young people are apathetic, the assumption that Republicans won't cross over, the assumption that the wealthy care nothing for the poor and that the poor don't vote, the assumption that African-Americans can't support the white candidate, whites can't support the African-American candidate, blacks and Latinos cannot come together. We are here tonight to say that that is not the America we believe in. (Obama, 2008, January 26)

> それは宗教を楔として、愛国心を棍棒として使う政治のことだ。それは私たちを定義しているとされる分類の枠組みにそって考え、行動し、投票せよと私たちに強いる政治のことだ。若者たちは政治に無関心だという思い込み。共和党支持者は歩み寄らないという思い込み。裕福な者たちは貧しい者たちに無関心で、貧しい者たちは投票しないという思い込み。アフリカ系アメリカ人たちは白人候補を支持できず、白人たちはアフリカ系アメリカ人候補を支持できず、黒人とラテン系アメリカ人たちは仲良くできないという思い込み。そういったものは私たちが信じるアメリカではないと宣言するために、私たちは今夜ここにいる。

オバマはこのように語りつつ、政治という言葉の意味を刷新すると同時に、アメリカ的価値観を再定義しようとする。オバマにとって、さまざまな差異によって分類され得るアメリカ人たちは、アメリカ人であるという一点において同じである。ここにオバマは新しい政治の可能性を見る。オバマの思い描く新しい政治においては、アメリカ人同士が互いに対立し合うのではなく、彼らがアメリカ人としてともに何を考え、何を成し得るのかが問われている。このオバマの政治観は、以下の印象的な一節に鮮やかに描き込まれている。

> I did not travel around this state over the last year and see a white South Carolina or a black South Carolina. I saw South Carolina --- I saw crumbling schools that are stealing the future of black children

and white children alike. I saw shuttered mills and homes for sale that once belonged to Americans from all walks of life and men and women of every color and creed who serve together and fight together and bleed together under the same proud flag. I saw what America is and I believe in what this country can be. That is the country I see. That is the country you see. But now it is up to us to help the entire nation embrace this vision. (Obama, 2008, January 26)

私は去年、この州をまわって、白いサウスキャロライナと黒いサウスキャロライナを見たわけではない。私はただ、サウスキャロライナを見た。――私は黒人の子どもたちと白人の子どもたちの未来をともに奪うぼろぼろの学校を見た。私は閉鎖された工場と、かつてはあらゆる種類のアメリカ人たちの持ち物だった家が売りに出されているのを見た。私はあらゆる肌の色と信仰を持つ男たちと女たちが、同じ誇り高い旗の下、ともに仕え、ともに戦い、ともに血を流しているのを見た。私はアメリカが何であるのかを見た。私はこの国の可能性を信じている。私が見ているのは、そういう国だ。あなたたちが見ているのは、そういう国だ。私たちのこれからの仕事は、すべてのアメリカ人たちがこのような見方を共有できるようにすることだ。

オバマはさまざまな差異を越えて一つに統合されたアメリカ人たちの姿を語り、彼らが担う新しい政治を展望する。オバマによれば、この大統領選は過去か未来かを選択する機会である。そこでは、分断と足の引っ張り合いを繰り返す従来の政治に甘んじるか、それとも苦労と豊かさを共有する新しい政治を目指すかが問われている。オバマは自分が目指す変革が困難であることを認めつつも、それが実現可能であると述べる。その根拠としてオバマが挙げるのが、選挙戦をとおして彼が出会った人びとの物語である。

I know that when people say we can't overcome all the big money and influence in Washington, I think of that elderly woman who sent me a contribution the other day, an envelope that had a money order for $3.01 --- along with a verse of Scripture tucked inside the envelope. So don't tell us change isn't possible. That woman knows change is possible.

When I hear the cynical talk that blacks and whites and Latinos can't join together and work together, I'm reminded of the Latino brothers and sisters I organized with and stood with and fought with side by side for jobs and justice on the streets of Chicago. So don't tell us change can't happen.

When I hear that we'll never overcome the racial divide in our politics, I think about that Republican woman who used to work for Strom Thurmond, who's now devoted to educating inner-city children, and who went out into the streets of South Carolina and knocked on doors for this campaign. Don't tell me we can't change. (Obama, 2008, January 26)

ワシントンの大金と影響力を打ち破ることなどできないと人びとが言うとき、私はある年老いた女性のことを思い出す。先日、彼女は私に寄付を送ってくれた。封筒には、聖書の言葉とともに3ドル1セントの為替が入っていた。だから、変革は無理だなどと言わないでほしい。この女性は変革が可能だと知っている。

黒人と白人とラテン系アメリカ人たちは一緒になって働くことはできないという皮肉なやりとりを耳にするとき、私はシカゴの路上で雇用と正義を求めて連帯し、ともに立ち上がり、隣り合って戦ったラテン系アメリカ人の仲間たちのことを思い出す。だから、変革が起こらないなどと言わないでほしい。

政治における人種間の分断を克服することなどできないという言葉を聞くとき、私はストロム・サーモンド（サウスキャロライナ州の政治家）のために働いてきた共和党の女性のことを思い出す。彼女は今、都市中心部の子どもたちの教育に情熱を傾けている。そして、彼女はサウスキャロライナの路上に繰り出し、私の選挙戦のために多くの家を訪問して歩いた。私たちが変われないなどと言わないでほしい。

このように、具体的なアメリカ人たちの物語をとおして、オバマは自分が提唱する変革が実現可能であること、そしてそのための連帯が可能であることを示していく。ここでオバマは、この大統領選を象徴する「Yes, we can（そう、私たちにはできる）」という言葉を繰り返す。聴衆もこれに応じ、「Yes, we can」と何度も連呼する。大声援の中、オバマは以下の言葉で演説を締めくくる。

> Yes, we can heal this nation. Yes, we can seize our future. And as we leave this great state with a new wind at our backs, and we take this journey across this great country, a country we love, with the message we've carried from the plains of Iowa to the hills of New Hampshire, from the Nevada desert to the South Carolina coast, the same message we had when we were up and when we were down, that out of many we are one, that while we breathe we will hope, and where we are met with cynicism and doubt and fear and those who tell us that we can't, we will respond with that timeless creed that sums up the spirit of the American people in three simple words: Yes, we can. (Obama, 2008, January 26)

> そう、私たちにはこの国を癒すことができる。そう、私たちには未来を掴み取ることができる。私たちは新しい風を背に受けながら、この素晴らしい州を後にし、この素晴らしい国、私たちが愛する国の隅ずみをめぐる旅に出る。アイオワの平原からニューハンプシャーの丘陵まで、ネバダの砂漠からサウスキャロライナの海岸まで、私たちが運んできたメッセージとともに。幸せなときも、不幸なときも、私たちが携えてきたメッセージとともに。私たちは、多にして一つ。生きている限り、私たちは希望を持つだろう。冷笑や疑念や恐怖に遭遇したとき、私たちには不可能だと言う者たちに遭遇したとき、私たちはあの不朽の言葉でもって応じるだろう。アメリカ人の精神を要約したあの三語でもって —— Yes, we can（そう、私たちにはできる）。

この詩的な一節において、オバマはアメリカ合衆国とサウスキャロライナ州に根差した表現を用いることで、聴衆に強く訴えかけようとしている。「多にして一つ（Out of many, we are one）」はアメリカ合衆国のモットーであり、「生きている限り、私たちは希望を持つだろう（While we breathe, we will hope）」はサウスキャロライナ州のモットー「生きている限り、私は希望を持つ（While I breathe, I hope: Dum Spiro Spero）」を踏まえたものである。このような表現を用いることで、オバマは聴衆がこれまでに実践してきた理想追求の試みの延長線上に自分の選挙戦を位置づけていく。

以上確認したとおり、オバマはこの勝利演説の中に、自分自身の経験と同世代のアメリカ人たちの経験、そしてサウスキャロライナ州とアメリカ合衆国の歴史と理念を織り込んでいった。ワシントンにおける政治経験に乏しいオバマには、クリントンたちのように自分の経験と実績に根差して語ることはできなかった。その代わりに、オバマは全米各地を転戦し、勝利を積み重ねていく中で、それぞれの土地に根差したアメリカ人たちの物語を自分の演説の中に取り込んでいった。それぞれの土地の歴史とそこに暮らす人びとの体験を吸収し続けるオバマの演説は、彼が選挙戦を続けるにつれて、その包容力と説得力を高めていった。

5. 大統領選勝利演説

　1月30日のエドワーズ撤退を受けてオバマとクリントンの一騎打ちとなった予備選は、党員集会と予備選挙が集中する2月5日のスーパー・テューズデイを経ても決着がつかず、長期戦に突入した。3月にはオバマと親交の深い牧師ジェレマイア・ライト（Jeremiah Wright）の説教がABCニュースなどによって取り上げられ、物議を醸すという事件があった。この事件はオバマの選挙戦を崩壊させかねなかったが、オバマは3月18日、「ア・モア・パーフェクト・ユニオン（A More Perfect Union）」演説において、ライトの説教について、またアメリカ合衆国が抱える人種問題について、巧みに語り、難を逃れた（Cantor, 2008, March 18; Scott, 2008, May 18; Zeleny, 2008, March 19)[2]。緊迫した状況の中、オバマは善戦を続け、ついにはクリントンを打ち破り、民主党の正式な大統領候補者となった。

　共和党大統領候補ジョン・マケインとの間で争われた大統領選本選においても、オバマはその力強い演説とインターネットを駆使した巧みなメディア戦略によって幅広い有権者の支持を獲得していった。そして2008年11月4日、オバマはアメリカ合衆国大統領に選出された。アフリカ系アメリカ人、ヒスパニック系アメリカ人、若者たちをはじめとして、多様な有権者からの支持を得た上での勝利だった。こうして、アメリカ史上初の黒人大統領は誕生した。

150年前であれば、黒人であるオバマは奴隷として白人に所有されていたかもしれないこの国において、新しい歴史の幕が開かれた瞬間だった（Nagourney, 2008, November 5）。

オバマはその日の夜、地元シカゴのグラント・パークにおいて、大統領選勝利演説を行った。演説会場には推定24万人の聴衆が足を運んだとされる。そこには人権活動家で牧師のジェシー・ジャクソン（Jesse Jackson）やメディアで多彩な活動を展開するオプラ・ウィンフリー（Oprah Winfrey）などの著名なアフリカ系アメリカ人たち、そしてさまざまな肌の色をした老若男女の姿があった。彼らはうっとりとした面持ちでオバマの言葉に耳を傾けた。この演説はテレビ放送やインターネットをとおして、全米および世界中の人びとに視聴された。

会場を埋め尽くす聴衆の前に、オバマは妻と二人の娘を伴って現れた。オバマ一家は聴衆に手を振りながら、ゆっくりと演壇の上を歩いて行った。彼らは演壇の先に並び、しばらくの間、聴衆の歓声を浴びて立っていた。やがて、オバマは妻子を優しく送り出し、一人で演台の前に立った。そして、語り始めた。

> If there is anyone out there who still doubts that America is a place where all things are possible; who still wonders if the dream of our founders is alive in our time; who still questions the power of our democracy, tonight is your answer.（Obama, 2008, November 4）

> アメリカにおいてはすべてが可能だということをまだ疑う者がいるのなら。建国の父たちの夢が現在にも生きていることをまだ疑う者がいるのなら。私たちの民主主義の力をまだ疑う者がいるのなら。今夜がその答えだ。

こう述べた後、オバマはその答えが投票会場に足を運んだ史上類を見ないほど多くの有権者たちによってもたらされたことを確認する。彼らの多くはそれまでに一度も投票したことがなかったにもかかわらず、今回の大統領選においては投票することを決意した。オバマによれば、有権者たちを初めての投票へと駆り立てたのは、今回の選挙はいつもとは違うという彼らの信念である。有権

者たちは自分たちが投票することで社会に変革をもたらすことができると信じていたからこそ、初めての投票に踏み切った。オバマは続ける。

> It's the answer spoken by young and old, rich and poor, Democrat and Republican, black, white, Hispanic, Asian, Native American, gay, straight, disabled and not disabled --- Americans who sent a message to the world that we have never been just a collection of individuals or a collection of Red States and Blue States: we are, and always will be, the United States of America. (Obama, 2008, November 4)

> それは、若い者と年老いた者、富める者と貧しい者、民主党支持者と共和党支持者、黒人、白人、ヒスパニック系、アジア系、アメリカ先住民、同性愛者、異性愛者、障碍を持つ者と持たない者によって発せられた答えだ。これらのアメリカ人たちは、世界に以下のようなメッセージを送った。私たちは単なる個人の寄せ集めではないし、赤い州と青い州の寄せ集めでもない。私たちは今も、そしてこれからも、アメリカ合衆国だ。

この大統領選勝利演説にはオバマがこれまでに行ってきた一連の演説に見られる特徴が組み込まれているが、この一節には多様性を内包した統一というオバマにとって重要な主題が含まれている。特に、年齢、階級、党派、人種、障碍をめぐる多様性に加えて、性的指向をめぐる多様性について触れられているところに、この演説の特徴がある。大統領選の勝者が同性愛者について積極的に言及することは、これまでにはなかったとされる。ここにオバマが考えるアメリカ合衆国の多様性の広がりを確認することができる。さらに、オバマは続ける。

> It's the answer that --- that led those who have been told for so long by so many to be cynical, and fearful, and doubtful about what we can achieve to put their hands on the arc of history and bend it once more toward the hope of a better day. (Obama, 2008, November 4)

それは、あまりにも長い間、あまりにも多くの人びとから、自分たちが何を成し得るかについて悲観的であるように、恐れを抱くように、そして疑いを持つように言われ続けてきた人びとを導いた答えだ。彼らは歴史の弧をその手で掴み、よりよい日の希望の方へそれをもう一度曲げるように導かれた。

このオバマの言葉は、マーティン・ルーサー・キング・ジュニアが1965年にアラバマ州で行った演説を踏まえたものである。この年の3月、黒人たちは参政権を求めてアラバマ州のセルマからモンゴメリーまで行進した。彼らはキングたちに率いられ、三度目の試みでモンゴメリーの州議会議事堂に到着した。これを受けて、キングは3月25日、州議会議事堂前で演説を行った。この演説の中で、キングは以下のように述べている。

> How long? Not long, because the arc of the moral universe is long, but it bends toward justice.（King, 1965, March 25）

> あとどれだけ待てばいい？ そう長く待つことはないだろう。道徳の宇宙の弧は長いが、それは正義の方へ曲がっているからだ。

オバマはこのキングの言葉を踏まえながら、アメリカ合衆国に変革が訪れていること、そしてその変革はキングたちがかつて試みた正義への歩みの延長線上にあることを聴衆に告げた。

ここでオバマは共和党大統領候補ジョン・マケインから敗北を認める電話を受けたことを披露し、対戦相手の労をねぎらう。オバマはマケインが長きにわたって母国のために尽くしてきたことを確認する。そして、自分が大統領となった暁には、マケインや彼とともに戦ったサラ・ペイリンとともに、アメリカ合衆国再生のために力を合わせることを約束する[3]。

続いてオバマは彼の大統領選を支えた人びとに感謝する。16年間オバマを支え続けた妻ミシェル、二人の娘マリアとサーシャ、演説の二日前に死去した祖母、兄弟姉妹たち、オバマの選挙戦を支えたデイヴィッド・プラフとデイヴィッド・アクセルロッド――これらの身近な人びとに対して感謝の言葉を述べた上で、オバマはこの勝利演説を聴いているすべてのアメリカ人たちに感

謝する。オバマの選挙戦は、一般市民からの少額の個人献金によって支えられていた。政治に無関心だとされる若者たちは、その既成観念を打ち破ってオバマの呼びかけに応じ、彼の選挙戦のために尽力した。オバマの勝利は、このような無数のアメリカ人たちの働きによってもたらされた。かつてリンカーンがゲティスバーグ演説において思い描いた「人民の人民による人民のための政治（government of the people, by the people, and for the people）」が今もアメリカ合衆国に息づいていることをアメリカ人たちは身をもって示したとオバマは言う（Lincoln, 1863, November 19; Obama, 2008, November 4）。

　オバマは次に、自分が次期大統領として取り組むべき課題を述べていく。戦争、環境、経済、医療、教育、エネルギー、雇用、外交などをめぐる課題である。これらの課題を列挙した後、オバマは述べる。

> The road ahead will be long. Our climb will be steep. We may not get there in one year or even in one term. But, America, I have never been more hopeful than I am tonight that we will get there. I promise you, we as a people will get there. (Obama, 2008, November 4)

> 道のりは長い。坂は険しいだろう。私たちは1年ではそこに到達できないかもしれないし、政権一期でも無理かもしれない。しかし、アメリカよ、私は今夜ほど多くの希望を胸に抱いたことはない。私たちはそこに到達するだろう。私はあなたたちに約束する。ひとつの民として、私たちはそこへ到達するだろう。

ここでオバマは再び、マーティン・ルーサー・キング・ジュニアの演説を援用している。この一節は、キングが暗殺される前日、テネシー州メンフィスの教会で行われた彼の最後の演説「私は山の頂に上った（I've been to the mountaintop）」を強く意識したものである。この演説の最後でキングはこう述べている。

> Well, I don't know what will happen now. We've got some difficult days ahead. But it really doesn't matter with me now, because I've

been to the mountaintop. And I don't mind. Like anybody, I would like to live a long life. Longevity has its place. But I'm not concerned about that now. I just want to do God's will. And He's allowed me to go up to the mountain. And I've looked over. And I've seen the Promised Land. I may not get there with you. But I want you to know tonight, that we, as a people, will get to the promised land. (King, 1968, April 3)

何が起ころうとしているのか、私にはわからない。我われの前途には困難な毎日が待ち構えている。しかし、今の私にとって、それはどうでもいいことだ。なぜなら、私は山の頂に上ったからだ。私は気にしない。誰もがそうであるように、私も長生きしたい。長生きには、それなりの価値がある。しかし、今の私にとって、それはどうでもいいことだ。私はただ、神の意志を為したい。神は私が山の頂に上るのを許された。私はそこから見下ろした。そして、約束の地を見た。私にはあなたたちと一緒にそこに到達することはできないかもしれない。しかし、今夜、あなたたちにこのことを知ってほしいと思う。ひとつの民として、私たちは約束の地へ到達するだろう。

自分の死を予言したかのようなこの一節において、キングは聖書に描かれたモーゼの物語を踏まえつつ、人種差別撤廃へ向けての歴史的歩みがいつか必ず実現すると宣言している。黒人大統領オバマの誕生によって、アメリカ人たちは「約束の地」へと一歩近づいたと言えるかもしれない。しかし、その一方で、彼らの前には人種差別の点においても、その他の点においても、まだ克服しなければいけない課題が山積している[4]。オバマはこれらの課題に同時代のアメリカ人たちとともに取り組み、先人たちが成し遂げた偉業をさらに一歩推し進めることを約束する。それと同時に、後に続く世代に対して、自分たちの仕事を引き継ぎ、よりよい社会の実現に向けて努力し続けることを期待する。このように、オバマはキングの言葉の力を借りつつ、自分の勝利をアメリカ合衆国の歴史的歩みの中に位置づける。

　オバマは自分に課された仕事に誠実に取り組むことを約束する。そして、アメリカ合衆国を再建するという大きな仕事に自分とともに取り組むよう聴衆に呼びかける。「硬くなった手を携えて、ブロックを一つずつ、レンガを一つず

つ（block by block, brick by brick, calloused hand by calloused hand）」積み上げていく（Obama, 2008, November 4）。そうやってアメリカ人たちは国づくりを進めてきたとオバマは言う。そして、アメリカ人たちに対して、新しい奉仕と犠牲の精神、愛国心と責任感を求めていく。ここでオバマは再び、リンカーンについて言及する。

> Let's remember that it was a man from this state who first carried the banner of the Republican Party to the White House, a Party founded on the values of self-reliance and individual liberty and national unity. Those are values that we all share. And while the Democratic Party has won a great victory tonight, we do so with a measure of humility and determination to heal the divides that have held back our progress. As Lincoln said to a nation far more divided than ours: "We are not enemies but friends...." "Though passion may have strained, it must not break our bonds of affection." And to those Americans who --- whose support I have yet to earn, I may not have won your vote tonight, but I hear your voices. I need your help. And I will be your President, too.（Obama, 2008, November 4）

> 共和党の旗を初めてホワイトハウスに持ち込んだのは、この州出身の一人の男だったということを思い出そう。共和党は自主自立、個人の自由、国家の団結といった価値観の上に設立された党だ。私たちはこれらの価値観を共有している。今夜、民主党は大きな勝利を収めたが、私たちはこれを一定の謙虚さと、私たちの進歩を妨げてきた分断を癒す覚悟をもって成し遂げた。私たちよりもはるかに分断された国民を前に、リンカーンは言った。「私たちは敵ではなく、友だ…」、「熱情は緊張の度合いを増してきたかもしれないが、それが私たちの親愛の絆を断ち切ることはない」。私がこれからその支持を得られるよう努めなければならないアメリカの人たちよ。今夜、私にあなたたちの票を得ることはできなかったかもしれないが、私はあなたたちの声に耳を傾けている。私はあなたたちの協力を必要としている。私はあなたたちの大統領でもあるのだ。

リンカーンは、この勝利演説の会場であり、オバマの活動拠点でもあるイリノイ州出身の大統領である。同時に彼は共和党出身の大統領でもあった。オバマはそのリンカーンが第一回大統領就任演説で述べた言葉を引用しつつ、聴衆に

党派の違いを越えて協力し合うことを呼びかけている。この一節によって、オバマは民主党と共和党との間で戦われた大統領選が終わったことを聴衆に告げると同時に、アメリカ国民を分断してきた前政権による8年間の政治が終わりを迎えることを宣言した。南北戦争による国家分裂の危機を乗り越えたリンカーンに自分の姿を重ねることで、オバマは自分の政権がアメリカ合衆国の統合をもたらすことを聴衆に予感させた。

続いて、オバマはこの演説を聴いている海外の聴衆に向けて語りかける。オバマはアメリカ合衆国が世界を崩壊させようとする者たちを打ち破る一方で、平和を求める者たちを支援することを約束する。そして、自分たちが軍事力や経済力ではなく、民主主義、自由、機会、揺るぎない希望といった理想によって、世界を主導していくことを約束する。ここにアメリカ例外主義を前ブッシュ政権とは異なる形で再定義しようとするオバマの試みを確認できる。

この勝利演説を、オバマはアン・ニクソン・クーパー（Ann Nixon Cooper）という一人の女性の物語で締めくくる。106歳の彼女は、奴隷制廃止から一世代ほど後に生まれた。車も飛行機もない時代だった。女性であり、黒人でもあった彼女のようなアメリカ人たちには、当時、二重の意味で投票権がなかった。過去一世紀のアメリカ合衆国において、彼女が目撃してきた出来事にオバマは思いを馳せる。

女性参政権の実現、大恐慌とニューディールによる経済の立て直し、第二次世界大戦における勝利、公民権法の成立、人類の月面着陸、ベルリンの壁の崩壊、科学技術の発展——オバマはアン・ニクソン・クーパーが目撃したこれらの変革を一つ一つ紹介した後、静かに「Yes, we can（そう、私たちにはできる）」と付け足していく。そして、最後にこう述べる。

> And this year, in this election, she touched her finger to a screen, and cast her vote, because after 106 years in America, through the best of times and the darkest of hours, she knows how America can change: Yes, we can.（Obama, 2008, November 4）

そして今年、この選挙において、彼女は指でスクリーンに触れ、一票を投じ

た。106年間、アメリカでもっともすばらしい時代ともっとも暗い時間を過ごした彼女は、アメリカが変われることを知っていたからだ——Yes, we can（そう、私たちにはできる）。

ここでオバマはアン・ニクソン・クーパーという一人のアメリカ人女性の人生を振り返ることで、聴衆にアメリカ合衆国の変革の歴史を振り返るよう促している。この大統領選の真の主役は一人一人のアメリカ人であり、彼らこそが新しい変革の担い手であると説き続けたオバマにとって、これは適切な修辞的選択だった。黒人大統領を選出するという新しい変革を成し遂げたばかりの聴衆の多くは、自分たちが変革に彩られたアメリカ現代史の一部であることを実感しただろう。そして、オバマが静かに発する「Yes, we can（そう、私たちにはできる）」という言葉に強い説得力を感じただろう。オバマは将来を展望しつつ、演説を締めくくる。

> America, we have come so far. We have seen so much. But there is so much more to do. So tonight, let us ask ourselves --- if our children should live to see the next century; if my daughters should be so lucky to live as long as Ann Nixon Cooper, what change will they see? What progress will we have made? This is our chance to answer that call. This is our moment. This is our time, to put our people back to work and open doors of opportunity for our kids; to restore prosperity and promote the cause of peace; to reclaim the American dream and reaffirm that fundamental truth, that, out of many, we are one; that while we breathe, we hope. And where we are met with cynicism and doubt and those who tell us that we can't, we will respond with that timeless creed that sums up the spirit of a people: Yes, we can.（Obama, 2008, November 4）

アメリカよ、私たちは随分遠くまで来た。私たちは随分多くを見てきた。しかし、やるべきことはまだたくさんある。だから今夜、自分たちに問いかけることにしよう。——もし私たちの子どもたちが生きて、次の世紀を見られるとしたら。もし私の娘たちが幸運にもアン・ニクソン・クーパーと同じぐらい長生きしたとしたら、彼女たちはどんな変革を目の当たりにするだろう。私たちはどんな進歩を遂げているだろう。私たちはその問いかけに答える機会を手に

している。私たちの時代が来た。人びとをそれぞれの仕事に戻し、子どもたちのために機会の扉を開こう。繁栄を取り戻し、平和という大義を広めよう。アメリカン・ドリームを取り戻し、次の根本的な事実を再確認しよう。私たちは、多にして一つ。生きている限り、私たちは希望を持つ。冷笑や疑念に遭遇したとき、私たちには不可能だと言う者たちに遭遇したとき、私たちはあの不朽の言葉でもって応じるだろう。ひとつの民の精神を要約したあの三語でもって —— Yes, we can（そう、私たちにはできる）。

アン・ニクソン・クーパーの人生をとおしてアメリカ合衆国の過去一世紀を振り返ったオバマは、自分の子どもたちの将来を想像することでこの国の今後一世紀を展望する。これによって、オバマは自分の大統領選における勝利を過去から現在を経て未来へと続くアメリカ合衆国の物語の中に位置づける。この物語においては、決して希望を失わないアメリカ人たちが、個人の努力と社会的連帯によって困難を克服し、数かずの変革を成し遂げていく。オバマはサウスキャロライナ州予備選勝利演説からの引用によってこの大統領選勝利演説を締めくくっているが、サウスキャロライナでは「アメリカ人の精神（the spirit of the American people）」と述べたところを、今回は「ひとつの民の精神（the spirit of a people）」と言い換えている。ここに長きにわたる分断に疲れ果てたアメリカ人たちを一つに束ねようとするオバマの意志を確認することができる。

6. まとめ

本章では、オバマが2008年大統領選において行ったいくつかの代表的な演説を取り上げ、それらの特徴を吟味した。オバマは大統領選出馬表明演説において、演説の舞台であり、自分自身の活動拠点でもあるイリノイ州が生んだ国民的人気の高い大統領リンカーンを強く意識しつつ、自分の大統領選をアメリカ合衆国の歴史の中に位置づけた。それと同時に、一人一人の有権者に対して、この選挙戦に積極的に関与することでアメリカ社会をよりよくするための変革の担い手となることを求めた。

その呼びかけは、アイオワ州党員集会勝利演説とサウスキャロライナ州予備選勝利演説において、より確かな具体性を与えられた。それは大統領選出馬表明演説においてオバマが思い描いたことが、アイオワ州とサウスキャロライナ州における勝利によって現実のものとなったことと関係している。聴衆は、政治経験、実績、資金、人脈において、他の候補者たちに劣っていたはずのオバマが、変革への希望を武器に困難な戦いに挑み、勝利を収めていく姿を目の当たりにした。オバマはそれらの勝利が聴衆の信念と行動によってもたらされたという事実を強調しつつ、さらなる勝利に向けて、彼らの協力を求めていった。オバマの言葉は、より幅広く、より多様なアメリカ人たちの心を捉えていった。オバマは大統領選予備選におけるこれらの演説の中で、全米各州に住む有権者たちの物語を紹介することで、選挙戦の主役が一人一人の有権者であることを強調した。聴衆はこれらの物語に自分たちの人生を重ねると同時に、オバマが目指す変革に自分たちの未来を託していった。

　大統領選勝利演説は、2008年大統領選においてオバマが繰り広げた一連の演説の集大成だと言える。そこには、希望、変革、多様性を内包した統一、民衆を主体とした政治など、オバマの演説を特徴づける主題が織り込まれていた。また、この演説には、過去の演説においてオバマが用いてきた印象的な言い回しが散りばめられていた。オバマはこの勝利演説において、アメリカ合衆国を国家分断の危機から救った大統領リンカーンに自分の姿を重ねながら、「ひとつの民」としての「アメリカ人」を中心とした政治を志すことを宣言した。また、公民権運動をとおして黒人の地位向上を目指したマーティン・ルーサー・キング・ジュニアの言葉を引用しながら、建国の理念である自由と平等をより徹底的に追求することを約束した。これらの著名な政治指導者たちの言葉と並んで、あるいはそれ以上に、この勝利演説に歴史的な広がりと厚みを与えたのは、アン・ニクソン・クーパーの物語だった。オバマによれば、この高齢のアメリカ人女性が過去一世紀の間に目撃してきた変革と進歩を、現代に生きるアメリカ人たちは引き継ぎ、さらに前に推し進めた上で、次の世代へと引き渡さなくてはならない。オバマは大統領選における自分の勝利を、その作業に向けての第一歩と位置づけた。

2008年大統領選におけるオバマの一連の演説は、彼の2004年民主党全国大会基調演説の主題を引き継ぎ、さらに発展させたものだと言える。これらの演説において、オバマはさまざまな差異によって分断された聴衆を「アメリカ人」という一つの塊にまとめ、彼らを自由と平等の実現という共通の目標に向けて連帯させようとした（Frank & McPhail, 2005）。また、オバマはこれらの演説において、「普通の人びと（ordinary people）」が勤勉と弛まぬ努力とによって「偉業（extraordinary things）」を成し遂げるアメリカン・ドリームの物語を語り続けた（Rowland & Jones, 2007, p.430）。オバマが語る新しいアメリカの物語においては、自助努力と自己責任とともに、共感と連帯が強調される。そこでは、共和党的とされてきた価値観と民主党的とされてきた価値観が、アメリカ的な価値観としてともに尊重されている。

　2004年民主党全国大会基調演説を原点とするオバマのレトリックは、2008年大統領選における一連の演説をとおして練り上げられ、2008年大統領選勝利演説をもって一応の完結を見たと言えるかもしれない。オバマはこれらの演説によって、現代アメリカ政治史上類を見ないほど華麗で力強い言葉の世界を構築した。その言葉は、互いに相容れないとされてきた多種多様なアメリカ人たちを一様に魅了し、オバマを大統領の座へと導いた。その意味において、オバマの演説は与えられた役割を果たしたと言ってよいだろう。しかし、その一方で、その洗練された言葉の世界は大統領オバマに一つの試練を与えることとなった。すなわち、オバマの演説がアメリカ人たちの間に非常に高い期待を生み出し、その結果、大統領としての彼の仕事はその高い期待に照らして評価されなければならなくなったということである（Vaughn & Mercieca, 2014）。オバマはアメリカ人たちが抱いた期待に応えるべく、さまざまな政治課題に取り組んでいく。そして、それらの課題について語り続けていく。

　第2章と第3章における議論によって、オバマの演説の基本的特徴が明らかにされた。この後に続く4つの章においては、人種、医療、移民、銃という現代アメリカ社会を象徴する4つの事柄についてのオバマの演説を一つずつ吟味していく。この作業をとおして、オバマのレトリックの全体像をよりくっきりと浮かび上がらせると同時に、現代アメリカ社会のいくつかの重要な側面に

光を当てることを目指す。次章においては、まず2008年大統領選予備選の最中にオバマが行った人種についての演説「ア・モア・パーフェクト・ユニオン（A More Perfect Union）」を吟味する。

注
1) ネバダ州における獲得代議員数は、結果的にオバマの方が多くなった。
2) 「ア・モア・パーフェクト・ユニオン」演説については、次章で詳細に検討する。
3) マケインも地元アリゾナ州で行った潔い敗北演説において、オバマを称えると同時に、新大統領を力の限り支えると宣言している。
4) この勝利演説を行うオバマの周りには、暗殺を防ぐための分厚い防弾ガラスが張り巡らされていた。このガラスの壁がアメリカ社会に現存する人種の壁を象徴しているようにも見える。

第4章

人　種

1. はじめに ── ジェレマイア・ライト事件

　オバマが 2008 年大統領選の民主党候補者指名をヒラリー・クリントンと争っていた同年 3 月、オバマと親交の深い牧師ジェレマイア・A・ライト・ジュニア (Jeremiah A. Wright, Jr.) の説教が ABC ニュースなどによって取り上げられ、物議を醸した (Ross & El-Buri, 2008, March 18)。ライトはオバマの地元シカゴにあるトリニティー・キリスト合同教会 (Trinity United Church of Christ of Chicago) を拠点に活動していた聖職者で、オバマの結婚式の司祭を務め、彼の二人の娘たちを洗礼するなど、オバマと深く長いつながりを持つ人物である (Obama, 2008, March 18)。ライトの説教はオバマの著作『The Audacity of Hope (邦題：合衆国再生 ── 大いなる希望を抱いて)』の題名や 2004 年民主党全国大会基調演説にも影響を与えている (Brachear, 2007, January 27; Obama, 2006)。

　問題となった動画は、おもにライトによる二つの説教からの抜粋だった。一つは、アメリカ同時多発テロ後、最初の日曜日にあたる 2001 年 9 月 16 日に行われた説教「The Day of Jerusalem's Fall」である (Martin, 2008, March 21; Reverend Wright transcript, 2008, April 25; Ross & El-Buri, 2008, March 18)。黒人教会の説教壇に立ったライト牧師は、今回のテロを招いたのは諸外国に対するアメリカ合衆国の不当な暴力であるとして、自国を激しく糾弾した。

　　We bombed Hiroshima, we bombed Nagasaki, and we nuked far

more than the thousands in New York and the Pentagon, and we never batted an eye. Kids playing in the playground, mothers picking up children from school, civilians, not soldiers, people just trying to make it day by day. We have supported state terrorism against the Palestinians and the black South Africans and now we are indignant because the stuff we have done overseas is now brought right back into our own front yard. America's chickens are coming home to roost. (Reverend Wright transcript, 2008, April 25)

我われは広島を爆撃した。我われは長崎を爆撃した。我われはニューヨークとペンタゴンの数千人をはるかに超える数の人びとを核爆弾で粉砕した。我われは眉ひとつ動かさずにそれをやってのけた。遊び場で遊ぶ子どもたち、学校に子どもを迎えに来た母親たち。彼らは兵士ではなく一般市民だ。日常を生きようとしているだけの人びとだ。我われはパレスチナ人と南アフリカの黒人たちに対する国家テロリズムを支持してきた。そして、今、我われは憤慨している。なぜなら、我われが海外で行ってきたことが我われの前庭に持ち込まれたからだ。アメリカ人たちは自分たちの悪行の報いを受けている。

もう一つの説教は「Confusing God and Government」と題して、2003 年 4 月 13 日に行われた (Reverend Wright transcript, 2008, April 25; Ross & El-Buri, 2008, March 18)。この説教の中で、ライトはマイノリティーに対するアメリカ政府の蛮行の数かずを神の名において糾弾する。アメリカ先住民、日系アメリカ人、黒人たちに対するアメリカ政府の不当な扱いを列挙した後、ライトは以下のように続ける。

The government gives them [African Americans] the drugs, builds bigger prisons, passes a three-strike law, and then wants us to sing God Bless America. No, no, no, not God Bless America. God damn America. That's in the Bible, for killing innocent people. God damn America, for treating our citizens as less than human. God damn America, as long as she acts like she is God and she is supreme. (Reverend Wright transcript, 2008, April 25)

政府はアフリカ系アメリカ人たちに薬物を与え、より大きな刑務所を造り、三

振法を成立させた[1]。そして我われに「ゴッド・ブレス・アメリカ（神よ、アメリカを祝福せよ）」を歌えと言う。違う、違う、違う、「神よ、アメリカを祝福せよ」じゃない。「神よ、アメリカを罰せよ」だ。聖書にそう書いてある。罪のない人たちを殺したからだ。神よ、アメリカを罰せよ。市民に対して人間以下の扱いをしたからだ。神よ、アメリカを罰せよ。この国が神のごとく、至高の存在のごとく振る舞うならば。

　これらの抜粋を中心としたライトの説教の動画が、テレビやインターネット上の動画共有サイト YouTube などをとおして広く拡散し、世間の注目を集めた。これらは一見すると常軌を逸して挑発的な説教ではあるが、現代アメリカ社会が抱える人種問題を踏まえるならば、ライトと彼の教会に集まった黒人信者たちは、日常的な被差別体験によって蓄積されたやり場のない鬱憤を、その誇張された弁舌をとおして発散しているように見えなくもない。

　しかし、アメリカ合衆国の主流メディアと一般大衆はそのような共感的な受け取り方はしなかった。ABC をはじめとする主流メディアはライトの主張と語り口の過激さを問題視し、大衆の間にはオバマがライトと価値観を共有しているのではないかという疑念が広がった。人種について公的に語ることを避けてきたオバマだったが、ライトの説教に対する世間の関心が高まる中、これについて正面から向き合わざるを得なくなった。こうしてオバマは 2008 年 3 月 18 日、ペンシルバニア州フィラデルフィアにおいて、「ア・モア・パーフェクト・ユニオン（A More Perfect Union）」と題された演説を行い、自分とライトとの関係、そして人種問題に対する自分の立場を言明するに至った。

　大統領選におけるオバマの演説は、通常スピーチ・ライターのジョン・ファヴロー（Jon Favreau）が作った原案にオバマが手を入れるという手法で作られていたが、この「ア・モア・パーフェクト・ユニオン」演説に関しては、最初からオバマ自身が中心となって原稿を作成した（Zeleny, 2008, March 19）。オバマの選挙戦を主導したデイヴィッド・アクセルロッド（David Axelrod）は、連日深夜にまで及ぶ推敲作業を経て完成した演説原稿を読んだ後、「この演説こそが、君が大統領になるべき理由だ」と述べたと伝えられている（Pickler, 2008, June 4）。

この演説はYouTube上で高い人気を博し、演説後24時間のうちに120万回、数日のうちに250万回視聴された（Barack Obama's race speech, 2008, March 22; Melber, 2008, March 19）。ピュー・リサーチ・センターが3月27日に公表した調査結果によると、アメリカ人の85パーセントがこの演説についていくらかを耳にしたことがあり、54パーセントがこれについて多くを耳にしたという（Obama and Wright, 2008, March 27）。

この演説において、オバマは何を語ったのだろうか。以下ではまず、「ア・モア・パーフェクト・ユニオン」演説の内容を吟味する。続いて、この演説に対する各界の反応をまとめる。最後に、この演説についての学術的議論を吟味する。この作業をとおして、本章では人種に関するオバマの考え方を理解すると同時に、アメリカ合衆国における人種をめぐる現実の一端に光を当てることを目指す。

2.「ア・モア・パーフェクト・ユニオン」演説

2008年3月18日、ペンシルバニア州フィラデルフィアの米国憲法センター（National Constitution Center）において、オバマは37分に及ぶ演説「ア・モア・パーフェクト・ユニオン（A More Perfect Union）」を行った。演説は地元の支持者、議員、聖職者たちから成る比較的小規模の聴衆を前に行われ、ケーブルテレビ局によって生中継された。オバマは複数の星条旗を背にして演台の前に立ち、静かに語り始めた（Zeleny, 2008, March 19）。

（1）歴史への接続

アメリカ合衆国憲法は1787年、今回の演説の舞台であるフィラデルフィアにおいて起草された。オバマはこの事実を踏まえつつ、アメリカ合衆国憲法前文からの引用によって、今回の演説を始める。

> "We the people, in order to form a more perfect union." Two hundred and twenty one years ago, in a hall that still stands across

the street, a group of men gathered and, with these simple words, launched America's improbable experiment in democracy. Farmers and scholars, statesmen and patriots who had traveled across the ocean to escape tyranny and persecution finally made real their Declaration of Independence at a Philadelphia convention that lasted through the spring of 1787.(Obama, 2008, March 18)

「我われ人民は、より完璧に統合された連邦を作り出すために…」2)。221年前、ここから道を隔てた向こう側に今も建つホールの中に男たちは集まり、これらの簡潔な言葉とともに、不可能とも思えたアメリカの民主主義の実験を始めた。圧制と迫害を逃れて海を渡った農民、学者、政治家、愛国者たちは、1787年の春をとおして開催されたフィラデルフィア憲法制定会議において、ついに独立宣言を現実のものとした。

　アメリカ合衆国憲法が起草された現場において、このように演説を始めることで、オバマはこの演説を取り巻く歴史的文脈を聴衆に思い出させる。オバマによれば、アメリカ合衆国憲法は署名されたものの、未完の状態にあった。それは奴隷制というアメリカ合衆国の原罪によって汚されていた。建国者たちは奴隷制を放置し、この問題の解決を将来の世代へと先送りした。

　その一方で、この問題に対する解決策は初めから憲法の中に書き込まれていたとオバマは言う。アメリカ合衆国憲法は、すべての国民の法の下の平等を謳っている。それは、すべての国民に自由と正義を保障すると同時に、アメリカ合衆国が時とともに完成へと向かっていくことを約束している。

　オバマによれば、奴隷たちを解放し、あらゆる肌の色と信条を持った人びとにアメリカ市民としての権利と義務を与えるためには、憲法に書かれた言葉だけでは不十分だった。これに加えて、新しい世代が絶え間ない努力によって理想と現実の隙間を埋めていくことが必要とされていた。こう述べた後、オバマは以下のように続ける。

This was one of the tasks we set forth at the beginning of this presidential campaign: to continue the long march of those who came before us, a march for a more just, more equal, more free, more caring, and more prosperous America. I chose to run for President at this moment in history because I believe deeply that we cannot solve the challenges of our time unless we solve them together, unless we perfect our union by understanding that we may have different stories, but we hold common hopes; that we may not look the same and may not have come from the same place, but we all want to move in the same direction: towards a better future for our children and our grandchildren. (Obama, 2008, March 18)

これは私たちがこの大統領選のはじめに掲げた課題の一つだ——私たちの前に生きた者たちの長い行進を引き継ぐこと。それは、より公正で、より平等で、より自由で、より思いやりがあり、そしてより豊かなアメリカに向けた行進だ。私が大統領選に出馬したのは、私たちが力を合わせなければ、私たちの時代の問題を解決することができないと強く感じたからだ。私たちは異なる物語を持っているかもしれないが、それと同時に共通の希望も持っているということを理解することで、私たちの統合をより完全なものにしなければならない。私たちの容姿は異なるかもしれないし、私たちは同じところから来たわけではないかもしれないが、私たちは同じ方向に進もうとしているということを理解しなくてはいけない。私たちの子どもと孫たちのために、私たちはよりよい未来の方向に進もうとしている。

オバマはこのように述べ、自分の大統領選をよりよいアメリカ社会の実現に向けた長い歴史的歩みの一環として位置づける。そして、ジェレマイア・ライトについて、そしてアメリカ合衆国における人種をめぐる現実について語る上での基調を設定する。

(2) 身体に刻まれた多様性

次にオバマは、より完璧な統合を目指そうとする自分の政治的信念が、自分の多文化的生い立ちによって支えられていることを示そうとする。ケニア出身の黒人男性とカンザス州出身の白人女性のもとに生を受けたこと。世界最貧国の一つに暮らし、アメリカ合衆国最良の学校の一つで学んだこと。奴隷の血と奴隷主の血をともに受け継ぐアフリカ系アメリカ人女性を妻としたこと。そして、その血が二人の娘たちにも流れていること。——2004年民主党全国大会

基調演説を彷彿とさせる表現で、オバマは自分の生い立ちが文化的多様性に富んでいることを聴衆に思い出させていく。そして、以下のように続ける。

> And for as long as I live, I will never forget that in no other country on earth is my story even possible. It's a story that hasn't made me the most conventional of candidates. But it is a story that has seared into my genetic makeup the idea that this nation is more than the sum of its parts --- that out of many, we are truly one. (Obama, 2008, March 18)

> 地球上の他のどの国においても私の物語はあり得ないということを、私は一生忘れないだろう。この物語は私を型破りな候補にしたかもしれない。しかし、これは私の遺伝子に組み込まれた物語だ。この国はそれを構成する部品を寄せ集めただけのものではない。――私たちは、真に多にして一つなのだ。

こうしてオバマは自分の身体の中には多文化的要素が組み込まれていること、そしてそのような人間を受け入れるアメリカ合衆国が多文化社会であることを確認していく。統合と連帯へ向けてのオバマの呼びかけは、大統領選予備選において多くのアメリカ人たちの共感を生んだ。オバマは白人人口が多いアイオワ州党員集会で勝利した。また、南部サウスキャロライナ州におけるオバマの勝利の陰には黒人たちと白人たちの人種の壁を越えた連帯があった。このように語りながら、オバマはアメリカ合衆国の文化的多様性を体現する大統領候補として自らを提示していく。多文化的身体を持つオバマには、差異を越えた統一へとアメリカ社会を導いていく以外の道は残されていない。その理想に向けての歩みがすでに始まっていること、そして一定の成果を上げつつあることをオバマはここで強調している。

（3） ジェレマイア・ライト

　ついにオバマは今回の演説の発端となったジェレマイア・ライト事件について語り始める。まずオバマは、ライトがアメリカ合衆国の政策に対して時に激しい批判を行ってきたことを自分は知っていたと認める。オバマは自分が通

う教会で、ライトが今回物議を醸したような説教を行うのを聴いたことがあると言う。その上で、オバマは自分がライトの政治的見解に賛同しないと明言する。

> As such, Reverend Wright's comments were not only wrong but divisive, divisive at a time when we need unity; racially charged at a time when we need to come together to solve a set of monumental problems: two wars, a terrorist threat, a falling economy, a chronic health care crisis, and potentially devastating climate change --- problems that are neither black or white or Latino or Asian, but rather problems that confront us all.（Obama, 2008, March 18）

> ライト牧師の発言は間違っているだけでなく、分断を引き起こしかねないものだ。私たちが統合を必要としているときに、それは分断を引き起こしかねない。私たちが力を合わせて大きな問題に取り組まなければいけないときに、それは人種的な熱を帯びすぎている。私たちは、二つの戦争、テロの脅威、冷え込む経済、慢性的な医療危機、壊滅的被害をもたらしかねない気候変動といった問題に直面している──これらの問題は、黒人だけのものでも、白人だけのものでも、ラテン系アメリカ人だけのものでも、アジア系アメリカ人だけのものでもない。これらの問題は私たち全員に関わっている。

ここでオバマは、ライトの発言がアメリカ人たちの間に人種的な対立を引き起こし、それによって彼らに共通の問題が放置されることを懸念している。さまざまな差異を抱えつつも一つの塊を成すアメリカ人が共通の未来をともに切り拓いていくことを構想するオバマにとって、ライトの発言は受け入れがたいはずである。それならば、なぜオバマはライトと懇意にしていたのか。なぜオバマは別の教会を選ばなかったのか。テレビやインターネットをとおして拡散し続ける説教がライトのすべてだったとしたら、自分がライトの教会に通うことはなかっただろうとオバマは言う。オバマと20年来の付き合いがあるライトは、これらのメディアによっては捉えきれない複雑さを抱えた人物だった。

オバマによれば、ライトは海兵隊員としてアメリカ合衆国に尽くすと同時に、全米有数の大学や神学校で学び、教えてきた。ライトは神の教えを実践す

るべく、ホームレスに住まいを与え、貧しい者たちを支援し、託児所を開設し、奨学金を支給し、刑務所で説教すると同時に、HIV・エイズに苦しむ人びとに手を差し伸べてきた。オバマはそのようなライトに共感し、キリスト教信仰へと導かれていった。このように語るオバマによって、聴衆はメディアを飛び交う断片的な情報の背後にある複雑な現実に目を向けるよう促されていく。

オバマは自伝『Dreams From My Father（邦題：マイ・ドリーム ── バラク・オバマ自伝）』（Obama, 2004）において、自分がトリニティー・キリスト合同教会の礼拝に初めて参加したときの経験を描写する。そこには信者たちが礼拝をとおしてアメリカ合衆国に黒人として生きることの意味を共有していく様子が美しく綴られていた。オバマはこの描写を引用した上で、以下のように続ける。

> That has been my experience at Trinity. Like other predominantly black churches across the country, Trinity embodies the black community in its entirety --- the doctor and the welfare mom, the model student and the former gang-banger. Like other black churches, Trinity's services are full of raucous laughter and sometimes bawdy humor. They are full of dancing and clapping and screaming and shouting that may seem jarring to the untrained ear. The church contains in full the kindness and cruelty, the fierce intelligence and the shocking ignorance, the struggles and successes, the love and, yes, the bitterness and biases that make up the black experience in America. (Obama, 2008, March 18)

これがトリニティーで私が経験してきたことだ。全米各地にある他の黒人教会と同じく、トリニティーは黒人社会を丸ごと体現している。──医者と生活保護を受ける母親、優等生と元不良。他の黒人教会と同じく、トリニティーの礼拝は騒ぞうしい笑い声と時に下品なユーモアに満ちている。礼拝堂を満たす踊りと拍手と叫び声と怒鳴り声は、それらに慣れていない者には不快に感じられるかもしれない。この教会には優しさと残酷さ、すさまじい知性とあきれるような無知、苦闘と成功、愛とほろ苦さと偏見がびっしりと詰まっている。これらがアメリカ合衆国における黒人体験を形作っている。

この一節によって、オバマは黒人教会における現実を一般聴衆に想像させようとしている。そして、ライトの説教がこのような文脈においてなされたことを彼らに理解させようとしている。自分にとって、ライトは家族のような存在だとオバマは言う。ライトはオバマの信仰を深め、結婚式を司祭し、娘たちを洗礼した。ライトがオバマとの会話において特定の人種の人びとを罵るようなことはなかったし、彼は白人と接するときには常に丁重さと敬意を忘れなかった。オバマによれば、ライトは彼が長年尽くしてきた黒人社会のよい部分と悪い部分をその身のうちに抱え込んでいる。このように述べた上で、オバマは以下のように続ける。

> I can no more disown him than I can disown the black community. I can no more disown him than I can disown my white grandmother, a woman who helped raise me, a woman who sacrificed again and again for me, a woman who loves me as much as she loves anything in this world, but a woman who once confessed her fear of black men who passed her by on the street, and who on more than one occasion has uttered racial or ethnic stereotypes that made me cringe. These people are part of me. And they are part of America, this country that I love. （Obama, 2008, March 18）
>
> 私には黒人社会を自分から切り離すことができないのと同じく、彼を自分から切り離すことができない。私には白人の祖母を自分から切り離すことができないのと同じく、彼を自分から切り離すことができない。祖母は私を育て、私のために何度も何度も自分を犠牲にしてくれた。彼女はこの世界の何よりも私を愛してくれた。その祖母が道ですれ違った黒人男性に対する恐怖を口にするのを私は耳にしたことがある。また、彼女は人種や民族に関する偏見の言葉を一度ならず口にし、私を縮みあがらせたこともある。これらの人たちは私の一部だ。そして、彼らは私が愛するこの国、アメリカの一部だ。

黒人と白人の血をひくオバマには、黒人社会からも白人社会からも自分を切り離すことはできない。黒人社会も白人社会も矛盾と偏見を抱えている。オバマはそれらの矛盾と偏見をアメリカ合衆国の社会的現実の一部として引き受ける覚悟を示し、聴衆にも同じことを要求する。アメリカ人たちはライト事件が明

るみに出した人種をめぐる現実の複雑さから目を背けるべきではないとオバマは言う。そこから目を背けてしまっては、医療や教育や雇用をめぐる共通の問題をアメリカ人たちがともに解決することができなくなるからである。このオバマの覚悟は、聴衆の拍手を誘う。

(4) 黒人たちの怒りと白人たちの憤り

　オバマはウィリアム・フォークナーの「過去は死んでいないし、葬られてもいない。それは過ぎ去ってさえいない」という言葉を引用した上で、アメリカ社会に存在する「黒人たちの怒り (black anger)」と「白人たちの憤り (white resentment)」の根源を過去の事例の中に求めていく (Obama, 2008, March 18)。オバマは黒人たちが現在直面する困難の多くが、奴隷制と黒人差別法のもとで虐げられた前の世代から引き継がれたものであることを確認する。人種差別政策によって、黒人たちが不動産を所有したり、金融ローンを借り入れたり、労働組合に参加したり、あるいは警察官や消防士になったりする機会は奪われた。その結果、黒人たちには富を蓄積し、それを次の世代へと譲り渡すことができなかった。これらのことが黒人社会と白人社会の間に今も残る格差の一因となっている。経済的成功の見込みの薄さは多くの黒人たちを苦しめ、彼らの家族を崩壊させた。黒人たちが多く住む地域においては、公園の整備、警察による巡回、ごみ処理といった公共サービスが不足し、それが犯罪の増加につながってきた。ブラウン対教育委員会裁判から50年を経た今も人種間の教育格差は解消されていない。

　ライトの世代の黒人たちが成人を迎えた1950年代後半から1960年代前半にかけて、人種隔離は合法であり、黒人たちの権利は組織的に制限されていたとオバマは言う。そうした逆境の中、多くの黒人たちが差別の前に敗れ去った。そして、彼らの敗北の記憶は新しい世代へと引き継がれていった。ライトたちの世代の黒人たちにとって、屈辱と疑念と恐怖の記憶は消え去ってはいない。彼らは今でも怒りと苦しみを感じている。こう述べた上で、オバマは以下のように続ける。

That anger may not get expressed in public, in front of white co-workers or white friends, but it does find voice in the barbershop or the beauty shop or around the kitchen table. At times, that anger is exploited by politicians to gin up votes along racial lines or to make up for a politician's own failings. And occasionally it finds voice in the church on Sunday morning, in the pulpit and in the pews. The fact that so many people are surprised to hear that anger in some of Reverend Wright's sermons simply reminds us of that old truism that the most segregated hour of American life occurs on Sunday morning.（Obama, 2008, March 18）

その怒りは白人の同僚や友人たちが居合わせる公共の場に現れることはないかもしれないが、床屋や美容院や台所には現れる。その怒りは時に政治家たちによって、人種の境界線に沿って投票することを人びとに迫ったり、彼らの失敗の埋め合わせをしたりするのに利用される。そして、その怒りは日曜の朝の教会の説教壇や礼拝席に姿を現すこともある。ライト牧師の説教の中に聴き取れる怒りの声がこれほど多くの人びとを驚かせたという事実は、古くからある一つの真理を思い出させる。アメリカ人たちの生活において、もっとも分断されている時間は日曜日の朝であるというあの真理だ。

　オバマは黒人たちの怒りが生産的でないことを認める。それは本当の問題からアメリカ人たちの目を背けさせる。その一方で、オバマはこの怒りを直視することの重要性を強調する。オバマによれば、黒人たちが抱える怒りを理解することなしに、人種間の真の融和は訪れない。

　このように黒人たちが抱く怒りを代弁したオバマは、白人たちの間にも現状に対する不満が鬱積していることを確認していく。労働者階級や中産階級に属する白人たちの多くは、自分たちが白人であることによって優遇されているとは感じていない。彼らの多くは移民としての苦労を味わってきた。彼らは何の遺産を受け取ることもなしに無一文から出発し、生涯にわたって懸命に働いてきた。その努力にもかかわらず、彼らの多くは海外の低賃金労働者との競争にさらされ、自分の年金が十分に支払われるかどうかについて不安を抱いている。彼らは現代の競争社会においては、成功の機会までもが競争にさらされていると感じている。そのような白人たちは、教育における人種融合を進めるた

め地元から遠く離れた学校に子どもを通わせるよう強制されたり、自分たちが行ったわけではない人種差別に対する償いのために黒人たちが就職や進学において優遇されるのを目の当たりにしたり、あるいは都市中心部における犯罪に対して彼らが抱く恐怖は偏見に基づくものだと非難されたりしたとき、憤りを覚える。

　黒人たちの怒りと同じように、白人たちの憤りが公共の場に姿を現すことは少ない。しかし、それは数十年にわたってアメリカ合衆国の政治的風景に影響を及ぼしてきたとオバマは言う。政治家たちは、犯罪に対する白人たちの恐怖を自分たちの得票に結びつくような形で利用してきた。トーク番組司会者や評論家たちは、公正や平等を求める黒人たちの声を逆人種差別として払いのけることで言論人としての地位を築いてきた。オバマはこのような現状を嘆きつつ、黒人たちの怒りと同じように白人たちの憤りが非生産的であること、しかしそれにもかかわらず、これを無視することはできないことを聴衆に訴えていく。

　このようにオバマは黒人と白人の双方が抱える鬱屈した想いをともに受け止めるよう聴衆に促すが、その一方でそれらに捕らわれることなく、力を合わせて共通の課題に取り組むことを彼らに求める。そして、その共同作業の過程でアメリカ人たちが「ひとつの民」として人種による分断を過去のものとしていくことを期待する（Obama, 2008, November 4）。オバマによれば、ライトの説教の最大の問題点は、彼がアメリカ社会に存在する人種問題について率直に語ったということにあるのではなく、彼がアメリカ合衆国の進歩を捉え損ねていたことにある。アメリカ合衆国は常に変化し続けてきた。現在を生きるアメリカ人たちには、過去の世代のアメリカ人たちが成し遂げたことを継承し、前に推し進め、次の世代へと引き継いでいく義務がある。そのようにして、アメリカ合衆国は「より完璧な統合（a more perfect union）」に少しずつ近づいていく。このように、ジェレマイア・ライト事件とそれが浮き彫りにした人種間の対立は、オバマの演説をとおしてアメリカ合衆国の進歩の歴史の中に位置づけられていく。

（5）アシュリー・バイア

　最後にオバマは人種間の対立の克服に向けた印象的なエピソードを披露して、演説を締めくくる。23歳の白人女性アシュリー・バイア（Ashley Baia）は、サウスキャロライナ州フローレンスでオバマのための選挙運動に従事していた。彼女はおもにアフリカ系アメリカ人たちを対象に活動していた。ある日、アシュリーは黒人有権者たちとともに、オバマを支持する理由を語りあった。アシュリーは話し始めた。

　アシュリーが9歳のとき、彼女の母親ががんになった。数日仕事を休んだ母親は解雇され、医療保険を失った。一家は破産した。アシュリーは何とかして母親を助けたいと思った。食費が支出の多くを占めていることに気づいたアシュリーは、母親に自分の大好物はマスタードとレリッシュのサンドイッチだと告げた。なぜなら、それが一番安い食べ物だったからだ。当時9歳のアシュリーは一年間マスタードとレリッシュのサンドイッチを食べ続け、母親は快復した。アシュリーは自分と同じ境遇にいる無数の子どもたちを助けたい、だから自分はオバマを支持すると言った。

　アシュリーには別の選択をすることもできたはずだとオバマは言う。母親の問題を生活保護に頼る怠惰な黒人たちや、アメリカ合衆国に不法入国したヒスパニック系移民たちのせいにするという選択肢も彼女にはあった。しかし、アシュリーはその道を選ばなかった。その代わりに、彼女は仲間と連帯し、不正に対して戦うことを選んだ。

　話を終えたアシュリーは、他の有権者たちにオバマを支持する理由を聞いて回った。それぞれがそれぞれに固有の理由を述べた。彼らの多くは特定の政策課題を支持理由として挙げた。やがてアシュリーはずっと静かに座っていた高齢の黒人男性のもとに歩み寄り、彼がオバマを支持する理由を尋ねた。老人は医療や経済や教育や戦争といった個別の政策課題には触れなかった。彼はオバマのために自分はここにいるとも言わなかった。老人は部屋中の支持者に対してただ一言、「私はアシュリーのためにここにいる」と言った。

　"I'm here because of Ashley." By itself, that single moment of recognition between that young white girl and that old black man is not enough. It is not enough to give health care to the sick, or jobs to the jobless, or education to our children. But it is where we start. It is where our union grows stronger. And as so many generations have come to realize over the course of the two-hundred and twenty one years since a band of patriots signed that document in Philadelphia, that is where the perfection begins.（Obama, 2008, March 18）

「私はアシュリーのためにここにいる」。これだけでは、この若い白人女性と年老いた黒人男性との間に生まれた一瞬の相互承認だけでは足りない。病気の者たちに医療を与えたり、失業中の者たちに仕事を与えたり、あるいは子どもたちに教育を与えたりするためには、これだけでは足りない。しかし、ここが私たちの出発点だ。ここから私たちの結束は強くなっていく。愛国者たちの一団がフィラデルフィアであの文書に署名して以来221年にわたって多くの世代が実感してきたように、完成はそこから始まる。

オバマは「ア・モア・パーフェクト・ユニオン」演説において、アメリカ合衆国が抱える人種問題の複雑さを認識しつつも、それらの問題は克服されなければならないし、また現実に克服され得ると聴衆に力強く訴えた。この演説において、オバマは自分と親交の深い一人の牧師の「過激な」説教をより繊細に、より適切に理解する文脈をアメリカ人たちに与えようとした。それと同時に、オバマはこの演説をとおして、アメリカ合衆国における人種をめぐる現実を塗り替え、人種について語るための新しい語彙をアメリカ人たちに与えようとした。

3. 反　　響

　数日のうちに、「ア・モア・パーフェクト・ユニオン」演説はYouTubeなどをとおして広く拡散し、多くのアメリカ人たちに視聴された。演説の動画や原稿へのリンクは、ソーシャル・ネットワーキング・サイトFacebook上でも頻繁にやりとりされた。ニューヨーク・タイムズ紙によれば、演説についてのニュース記事よりも演説の原稿自体のほうが頻繁に電子メールでやりとりされ

たという（Stelter, 2008, March 27）。これらの事実から、幅広い年齢層のアメリカ人たちが「ア・モア・パーフェクト・ユニオン」演説を直接視聴したことがわかる。この演説に対して、政治家やメディア関係者や専門家たちはさまざまな意見を述べた。

　民主党の政治家たちがオバマの演説を概ね肯定的に受け止めたのは当然かもしれない。2008年大統領選の民主党候補を目指すも断念し、のちにオバマ政権の副大統領となるジョー・バイデン（Joe Biden）は、「ア・モア・パーフェクト・ユニオン」演説を高く評価し、この演説は「アメリカの人種関係において、重要な一歩と位置付けられるだろう」と述べた（Pickler & Apuzzo, 2008）。また、アメリカ合衆国唯一のヒスパニック系知事で、バイデンと同じく2008年大統領選への参加を途中で断念したニューメキシコ州知事ビル・リチャードソン（Bill Richardson）は、この演説を聴くことでオバマへの支持を決意したとされる。オバマ支持を表明する演説の中で、リチャードソンは「オバマ上院議員は雄弁と誠実さと品位と楽観をもって、人種問題について語った」とオバマを評価した（Zeleny, 2008, March 21）。

　意外なことに、共和党の政治家たちの多くも「ア・モア・パーフェクト・ユニオン」演説を肯定的に受け止めた。元アーカンソー州知事で、2008年大統領選の共和党候補を目指したマイク・ハッカビー（Mike Huckabee）は、この演説を「歴史的演説」として称賛したと伝えられている（James, 2008, March 19）。元牧師で、人種差別が制度化されていた時代の南部に生きたハッカビーは、さらにジェレマイア・ライトの説教についても共感的な意見を述べている。差別されながら生きてきたライトのような人間はさまざまな鬱憤を抱えており、説教の現場においてはしばしばそれらの感情が溢れ出すとハッカビーは認めている。他にも、のちに2008年共和党大統領候補としてオバマと戦うことになるジョン・マケイン（John McCain）や元国務長官コリン・パウエル（Colin Powell）などがオバマの演説を肯定的に評価した（McCain, 2008, April 15; Powell, 2008, April 10）。その一方で、ライトの説教の危険性と破壊性を十分に認識していないとしてオバマを批判した元キリスト教連合事務局長ラルフ・リード（Ralph Reed）のような保守系政治家もいた（Lakshmanan,

& Przybyla, 2008, March 19)。

　メディア関係者の評価も賛否に割れた。ニューヨーク・タイムズ紙はその社説において、「ア・モア・パーフェクト・ユニオン」演説をエイブラハム・リンカーン、フランクリン・D・ローズヴェルト、ジョン・F・ケネディーらの歴史的演説と並べた上で、「オバマがそれ［ジェレマイア・ライト事件］にこれ以上うまく対処できたとは考えられない」と述べ（Mr. Obama's profile in courage, 2008, March 19)、MSNBC のクリス・マシューズ（Chris Matthews）は、この演説を「この国でこれまでになされた人種についての演説の中で、もっとも優れた演説」と絶賛した（Hardball with Chris Matthews, 2008, March 18)。また、ワシントン・ポスト紙のケヴィン・メリダ（Kevin Merida）は、この演説におけるオバマが「厳しい大統領選の最中、針と糸を手にし、自己の肖像とアメリカ合衆国における人種の亀裂を丁寧に縫い合わせていく裁縫師」のようだったと記した（Merida, 2008, March 19)。さらに、政治風刺番組「ザ・デイリー・ショー（The Daily Show with Jon Stewart）」のジョン・ステュワート（Jon Stewart）は、めったに見せない真剣な面持ちで「火曜日の午前 11 時、一人の著名な政治家が人種について大人たちに語りかけるような口調でアメリカ人たちに語りかけた」と述べた（The Daily Show with Jon Stewart, 2008, March 18)。

　その一方で、保守系週刊誌『ザ・ウィークリー・スタンダード（The Weekly Standard)』のディーン・バーネット（Dean Barnett）は、「憎悪に満ちた言葉を日常的に用いるライト牧師のような人物となぜ懇意にしていたのかという質問に対して、オバマはまったく答えようとしていない」と批判した（Barnett, 2008, March 19)。また、評論家チャールズ・クラウトハマー（Charles Krauthammer）は、過去からの怒りを乗り越えようと訴えるオバマのような人物が、その怒りの権化であるライトのような人物の教会になぜ通っていられるのか、オバマはその問いに答えていないとして、「ア・モア・パーフェクト・ユニオン」演説を「見事な詐欺（brilliant fraud)」と一蹴した（Krauthammer, 2008, March 21)。

　このように、「ア・モア・パーフェクト・ユニオン」演説は政治家やメディ

ア関係者たちの間に賛否両論を巻き起こした。それらの多くはそれぞれの発言者の政治的イデオロギーを反映したものだったと言えるが、その一方でこの演説の意義を認めた共和党の政治家たちも少なからずいた。その意味において、この演説は超党派的な魅力を備えていたと言えるだろう。一般有権者の反応についても各種世論調査が実施された（Blanton, 2008, March 21; CBS poll, 2008, March 21; Obama and Wright, 2008, March 27）。これらの結果は、「ア・モア・パーフェクト・ユニオン」演説がアメリカ人たちの高い関心を集めたこと、そしてそれが視聴者たちに概ね好意的に受け止められたことを示している。しかし、そうした世論調査や識者の意見よりも、オバマがクリントンを降して民主党大統領候補者の座を獲得し、その後アメリカ合衆国史上初の黒人大統領に就任したという事実のほうが多くを物語っている。「ア・モア・パーフェクト・ユニオン」演説が、危機を好機へと転換する巧みな修辞的実践であったことは明らかだろう。

4. 学術的議論

「ア・モア・パーフェクト・ユニオン」演説は多くのコミュニケーション研究者たちの関心を集め、この演説を直接の研究対象としたいくつかの論考が公刊された。この節では、これらの論考を批判的に吟味しながら、この演説の意味について考察する。

（1）フランク

まず始めに、デイヴィッド・A・フランク（David A. Frank）は、その緻密に構成された論文において、マーティン・ルーサー・キング・ジュニアからジェレマイア・ライトを経てバラク・オバマへと流れ込む「預言の声（prophetic voice）」の伝統の存在を指摘し、その枠組みを用いて「ア・モア・パーフェクト・ユニオン」演説の意味を解釈した（Frank, 2009）。フランクによれば、ライトが拠点としたシカゴのトリニティー・キリスト合同教会は、奴隷制の名残や現存する人種差別に苦しむアフリカ系アメリカ人たちに対して神

第4章　人　　種　*83*

の癒しを与えることを目指しているが、その際にキリスト教とアフリカ大陸とのつながりを重視している。その旧約聖書『出エジプト記』解釈においては、エジプトに捕らわれたユダヤ人たちを約束の地へと導くモーゼが、漆黒の美女と結婚したアフリカの王子として理解される。これによって、オバマはケニア出身の父親とのつながりを自分のキリスト教信仰と重ね合わせるに至る。その一方で、聖書の物語はマーティン・ルーサー・キング・ジュニアの公民権運動にも方向性と枠組みを与えていることをフランクは確認する。公民権運動においては、キング牧師が同胞の黒人たちを約束の地へと導く「黒いモーゼ」として理解されていた。

　さらにフランクはライトの説教を理解するための文脈として、エゼキエルの物語を引き合いに出す。旧約聖書に登場する預言者エゼキエルは、イスラエルが神の審判によって滅ぼされた後、神の恵みによって救われることを預言した人物として知られる。当時のイスラエルは「堕落し、腐敗し、凶暴かつ不道徳」であって、「その神に対する裏切りに怒ったエゼキエルが『神よ、イスラエルを罰せよ（God Damn Israel）』と叫ぶ姿は容易に想像できる」とフランクは書く（Frank, 2009, p.173）。そして、このエゼキエルの怒りと同じく、ライトの説教における怒りもまた、「預言の声」の伝統を引き継いでいるとフランクは続ける。黒人としての過酷な体験やブッシュ政権下の国内外向け政策に対するライトの怒りは、「預言の声」の形をとって表現された。つまり、神がアメリカ合衆国を罰すると同時に正義をもたらすであろうことを激しい言葉で預言したライトは、黒人教会の神学的伝統に忠実だったと言える。ところが、その説教はそうした文脈から切り離され、視聴者のもとに届けられた。

　したがって、この「預言の声」の伝統を引き継いだオバマは、「ア・モア・パーフェクト・ユニオン」演説において、ライトの説教に文脈を与え、その意味の変容を迫ったということになる。それと同時に、オバマはアメリカ合衆国における人種問題、そして自分自身の大統領選をも、この伝統の中に位置づけようとした。オバマは「預言の声」の伝統の中に、生き抜くこと、自由になること、そして希望といった物語を見出すが、黒人を含むすべての人びとの解放を目指したキング牧師に倣い、オバマはこれらの物語を黒人教会の占有物

とは見なさない。「私たちの挑戦と勝利は、独特であると同時に普遍的である、黒いと同時に黒いことを超越している（black and more than black）」というオバマの言葉が示すとおり、彼のキリスト教信仰は普遍性を志向している。(Obama, 2008, March 18)。

　フランクによれば、民主党員や進歩主義者たちが宗教に関する語彙を保守的右派に譲り渡してきたことに対して、オバマは不満を抱えていた。進歩的左派の間には、宗教を非合理なもの、不寛容なものとして退ける傾向があるが、オバマはこれに異議を唱える。オバマによれば、保守派であれ、進歩派であれ、すべてのアメリカ人たちにとって宗教は大きな意味を持つ。宗教は人びとに目的意識をもたらし、彼らを社会変革へと誘う。オバマにおいて、宗教と政治は一体となり、「言葉と行為は統合される」(Frank, 2009, p.177)。オバマは「預言の声」の伝統に根ざしつつも、その宗教的特殊性を普遍的価値観へと転換し、ライトの説教と自分自身の大統領選を絶え間なき改革の物語の中に位置づけようとした。その試みの最良の形が「ア・モア・パーフェクト・ユニオン」演説だった。

　フランクの論文は、ジェレマイア・ライトの説教への補足説明を試みたオバマの「ア・モア・パーフェクト・ユニオン」演説に対して、さらなる補足説明を加える。それはオバマの演説によって黒人体験の文脈の中に位置づけられたライトの説教を、「預言の声」の伝統の中により深く、より確かに位置づける試みだと言える。

（2）テリル

　ロバート・E・テリル（Robert E. Terrill）は、W. E. B. デュボイスの「二重意識（double consciousness）」概念を踏まえつつ、「ア・モア・パーフェクト・ユニオン」演説を統一性と二重性という観点から解釈する（Du Bois, 1903/1996; Terrill, 2009）。テリルによれば、アメリカ人たちは「肌の色の境界線（color-line）」と上手く向き合うことができず、機能不全に陥っている。彼らは境界線の存在を全否定し、人種を意識しないようにするか、あるいは境界線を決して取り除くことのできない障壁として自明視するか、二つの選択肢

の間で引き裂かれている。この膠着状態から抜け出すためには、人種が二重意識によって捉えられなければいけないが、それだけでは足りない。さらに人種は適切に語られ、適切な政治的行為に結びつけられなければいけない。オバマの演説はそれを目指しているとテリルは主張する。

テリルによれば、「ア・モア・パーフェクト・ユニオン」演説において、まずオバマはアメリカ社会における人種の二重性を体現する人物として自分自身を描き出す。「私には白人の祖母を自分から切り離すことができないのと同じく、彼（ジェレマイア・ライト）を自分から切り離すことができない」と語るオバマは、黒人と白人の血を引き、双方の文化的伝統の中に育った自分の出自と生い立ちを聴衆に印象づける（Obama, 2008, March 18）。オバマがその自伝的物語を語るにつれて、彼の多人種的身体はアメリカ合衆国における人種統合を具現するものとして聴衆の前に立ち現れる。

こうして自分自身の二重性を聴衆に印象づけたオバマは、続いて聴衆自らが二重の視点を獲得するよう導いていく。一方で、オバマは白人たちに対して、ライトの説教を黒人たちの視点から眺めるよう促す。黒人教会の現実という文脈を与えることで、ライトの怒りはそれ相応の合理性を備えたものとして聴衆に再解釈される。他方で、オバマは黒人たちに対して、白人たちが感じる憤りを理解するよう促す。人種の恩恵を受けず、逆差別に苦しむ白人たちの暮らしを描写することで、白人たちの間にも黒人たちの怒りに似た感情が存在することに聴衆は気づかされる。こうして黒人の怒りと白人の憤りを対置することで、オバマは聴衆に「立体的眼差し（stereoscopic gaze）」を与えていく（Terrill, 2009, p.371）。

こうしたオバマの語りをとおして、黒人たちと白人たちは、お互いの経験は決して同じではないが、それらは「比較可能である（comparable）」ということに気づかされていく（Terrill, 2009, p.375）。オバマの描く未来のアメリカ合衆国は、「異なっているのにもかかわらず、まとまっている」のではなく、「異なっているからこそ、まとまっている」（p.373）。「ア・モア・パーフェクト・ユニオン」演説を聴き、二重の視点を獲得した有権者たちが、投票という形で自ら行動することで、アメリカ合衆国のより完璧な統合が実現されることをテ

リルは期待する。

　テリルによれば、人種をめぐる二重の視点をもっとも生産的な形で示すのは、演説を締めくくるアシュリー・バイアの物語である。病に倒れ、医療保険を失った母親を助けるため、マスタードとレリッシュのサンドイッチを食べ続けた白人女性アシュリーと、オバマ支持者の集会で「自分はアシュリーのためにここにいる」と言った年老いた黒人男性の物語を聴くことで、聴衆は白人女性と黒人男性の双方に自分自身を重ね合わせる。この肌の色の境界線を越えた相互承認を目の当たりにすることで、黒人たちと白人たちは彼らの経験は決して同じではないものの、比較可能だということを実感する。オバマはアシュリー・バイアの物語を「より完璧な統合」に向けての第一歩だと強調して演説を終える。

　テリルによれば、「ア・モア・パーフェクト・ユニオン」演説は「二重性を抱えた統一」という新たな視座をアメリカ人たちに提供する。そして、この立体的視座は人種をめぐる言説を硬直から解き放ち、より柔軟な民主主義を可能にする。テリルの主張は、オバマの演説に共通して見られる差異と統合という主題を「ア・モア・パーフェクト・ユニオン」演説のうちに見出していると言えるが、差異と統合を同時に内包するような二重の意識とは具体的に何を指しているのだろうか。肌の色を見ること（color conscious）と肌の色を見ないこと（color blind）の二つ以外の立場が、現実にあり得るのだろうか。おそらくないのだろう。だからこそ、オバマはアメリカ人たちの視点を現在から未来へと移動させることで、彼らを二項対立的な思考と語りから解き放とうとした。「完璧な統合（a perfect union）」は現在には存在しない。それは「より完璧な統合（a more perfect union）」として、つねに未来に向けた可能性の中にだけ存在する。

（3）ロウランドとジョーンズ

　ロバート・C・ロウランド（Robert C. Rowland）とジョン・M・ジョーンズ（John M. Jones）は、その共著論文において、「ア・モア・パーフェクト・ユニオン」演説を「アメリカン・ドリームの物語」の枠組みを用いて解釈した。

彼らはまず、黒人教会に根づく「預言の声」の枠組みからオバマの演説を解釈したフランクの論文（Frank, 2009）を高く評価する一方で、その議論の弱点を指摘する。フランクは「預言の声」の存在を指摘することで、黒人たちが共有し、ライトの説教が体現する怒りが「完全に理解可能」であることを示したが、「ア・モア・パーフェクト・ユニオン」演説が黒人のみならず、白人たちにとっても説得力を持った理由を明らかにしていない。黒人教会の伝統に根ざした「預言の声」によって黒人たちが説得されたという説明は納得がいく。しかし、それによって白人たちまでもが説得されたという説明には無理がある。今回のオバマの演説が黒人たちやリベラル派のみならず、白人たちや保守派の一部をも説得することができたのはなぜか。それは、オバマが人種問題をアメリカ社会に存在するもっとも強力な物語、すなわちアメリカン・ドリームの物語に結び付けたからだとロウランドとジョーンズは主張する。

　ロウランドとジョーンズにとって、アメリカン・ドリームとは「普通の人びと（ordinary people）」が勤勉と弛まぬ努力とによって「偉業（extraordinary things）」を成し遂げる物語である（Rowland & Jones, 2007, p.430）。それは、市民の小さな行動の積み重ねによって、よりよい社会を作っていく「進歩の神話（progressive myth）」である（Rowland & Jones, 2011, p.131）[3]。ここで注意すべきは、この物語が過去や現在における完全性（perfection）を語ってはいないということである。それどころか、それは未来における完全性を語ってもいない。アメリカン・ドリームの物語においては、「完全であること（perfection）」ではなく、「完全になりつつあること（perfecting）」が強調される（Rowland & Jones, 2011, p.132）。その意味において、アメリカン・ドリームの物語はアメリカ合衆国における古典的リベラリズムを修辞的に体現しているとロウランドとジョーンズは書く（Rowland & Jones, 2007, p.429）。

　よりよい社会に向けての進歩を体現するアメリカン・ドリームの神話には、個人的側面と共同体的側面が存在する（Rowland & Jones, 2011, pp.132-133）。その個人的側面においては、自らの足で立ち、自らの手で未来を切り拓く、普通の人びとの偉業が称えられる一方で、成功者とそれ以外の人びとは二分される。その共同体的側面においては、恵まれない者に手を差し伸べる助け

合いの精神や社会的公正への関心が強調され、それらがアメリカ人たちを連帯へと導き、アメリカ合衆国という共同体に一体感を与える。オバマは「ア・モア・パーフェクト・ユニオン」演説において、この二つの側面をともに受け入れることで、より普遍的なアメリカン・ドリームの物語を語ったと言える。そして、その「より完璧な統合」に向けた物語は、アシュリー・バイアのような次世代の普通のアメリカ人たちによって担われるとオバマは強調する。

2004年民主党全国大会基調演説を分析した論文（Rowland & Jones, 2007）以来、ロウランドとジョーンズはオバマの演説をアメリカン・ドリームの物語と関連づけながら解釈しており、今回の「ア・モア・パーフェクト・ユニオン」演説の分析もその流れを汲んでいる。彼らはフランクの論文（Frank, 2009）が「ア・モア・パーフェクト・ユニオン」演説の説得力を十分に説明していないと指摘したが、実際にはフランクがオバマの演説の中に聴きとった「預言の声」は、ロウランドとジョーンズが論じたアメリカン・ドリームの物語の一つの変奏だと言えなくもない。マーティン・ルーサー・キング・ジュニアが語ったアメリカン・ドリームの物語の中には、預言の声が鳴り響いていた。オバマの語る進歩の神話の中にその響きが残っていたとしても不思議ではない。

5. おわりに

本章においては、オバマが2008年大統領選予備選中に行った人種についての演説「ア・モア・パーフェクト・ユニオン」について考察した。この演説がなされた2008年3月以降、オバマは数えきれないほどの演説を行ってきたが、人種問題を直接取り上げた演説は、これまでのところ、この「ア・モア・パーフェクト・ユニオン」のみである。したがって、オバマの人種についての考え方を知る上で、またアメリカ合衆国における人種をめぐる現実の複雑さを理解する上で、この演説は貴重な研究対象であり続けている。

先行研究が提示した「預言の声」（Frank, 2009）、「統一性と二重性」（Terrill, 2009）、「アメリカン・ドリーム」（Rowland & Jones, 2011）などの切り口を用いることで、「ア・モア・パーフェクト・ユニオン」演説を深く、

多角的に理解することが可能になる。これらの概念は演説を分析する上での独自の視点をそれぞれに提示しつつも、相互に関連し合いながら、オバマのレトリックの全体像を「立体的に（stereoscopic）」浮かび上がらせる（Terrill, 2009, p.371）。オバマの演説には、黒人教会から流れ出た「預言の声」を聴くことができる。ただし、その声は「統一性と二重性」を未来の可能性において両立させるような普遍性と歴史性を帯びた声である。そしてその声は、アメリカ合衆国を強く方向づけてきた「アメリカン・ドリーム」の物語を黒人と白人とその他のすべてのアメリカ人たちのために語り直していく。

　史上初の黒人大統領を目指すオバマにとって、自分が懇意にする牧師ジェレマイア・ライトの説教の動画が引き起こした物議は致命傷となりかねなかった。その危機的状況をオバマは弁舌の力によって切り抜け、大統領の座を獲得した。その意味において、「ア・モア・パーフェクト・ユニオン」演説はオバマの大統領選を危機から救うという短期的目標を達成したと言える。しかし、この優れた演説がアメリカ合衆国における人種の統合を現実に促したかどうかという点については、別の検討が必要になる。オバマが大統領に就任して以来、人種的統合はほとんど進んでいないという世論調査結果もある（Romano, 2012, April 9）。普遍性を志向するオバマの政治的未来像が、結局は「肌の色を見ない人種主義（color-blind racism）」と共鳴し、現存する人種差別を見えにくくさせると同時に、人種による分断を補強したという可能性も否定できない（Bonilla-Silva, 2013）。オバマが人種についてどれだけ繊細に語ったとしても、その言葉はやがて人種をめぐる既存の言説の中に取り込まれ、二項対立の一翼を担うことを強いられる。この皮肉な現実がアメリカ合衆国における人種をめぐる現実の複雑さを物語っている。

注

　本章は以下の二つの論文に基づいている。花木亨（2010）「バラク・オバマは人種を語る――「A More Perfect Union」演説をめぐる考察――」『ヒューマン・コミュニケーション研究』第38号、pp.143-157。花木亨（2014a）「バラク・オバマと人種――「A More Perfect Union」演説再考――」『日本コミュニケーション研究』第42巻特別号、pp.31-49。

1) 三振法（three strikes law）とは、重罪の前科が二度ある者が三度目の罪を犯した場合、その者に通常よりも重い刑を科すという法律である。アフリカ系アメリカ人たちにとって不利だと指摘されている。

2) 英語の「union」という言葉には、統合、結合、結束、団結、連帯、連合、連盟、連邦、統一国家としてのアメリカ合衆国など、多様な意味がある。「ア・モア・パーフェクト・ユニオン」演説においては、文脈に応じてこの言葉の持つ特定の意味が強調されている。したがって、日本語訳においても、文脈に応じてこの言葉を訳し分けることとする。

3) ここで使われている「progressive myth」という言葉は、本来であれば、「現在進行形の神話」と訳したほうがより適切かもしれない。しかし、アメリカ政治の文脈においては、「progressivism」が「進歩主義」という日本語に置き換えられてきたという経緯があり、本書の他の箇所においても「progressive」を「進歩的」と訳している。このことを踏まえ、「progressive myth」に「進歩の神話」という日本語を当てることにした。

第5章

医　療

1. はじめに

　2010年3月23日、オバマは「患者保護および医療費負担適正化法（Patient Protection and Affordable Care Act: PPACA）」に署名した。この法律は、その直後の3月30日に成立した修正法「医療および教育調整法（Health Care and Education Reconciliation Act: HCERA）」と合わせて、オバマの医療保険制度改革の根幹を成す（以下、これらの二つの法律を合わせてACAと表記する）。できるだけ多くのアメリカ人たちに適正な価格の医療保険を提供することを目指すこの法律は、1965年、リンドン・ジョンソン政権によるメディケア（主に高齢者と障碍者を対象とした公的医療保険制度）およびメディケイド（主に低所得者を対象とした公的医療保険制度）の導入以来最大の医療制度改革とされる（Vicini & Stempel, 2012, June 28）。

　この法律が成立した背景には、アメリカ合衆国の医療保険制度が抱える問題が横たわっている。国民皆保険制度が存在してこなかったアメリカ合衆国では、国民の約6人に1人が医療保険に加入していない（Galewitz, 2013, September 17; Health insurance coverage of the total population, 2013; Vicini, Stempel, & Biskupic, 2012, June 29）。アメリカ合衆国の医療関連支出はGDPの約6分の1を占めている（Obama woos Congress on healthcare, 2009, September 10; OECD Health Data 2013, 2013）。国民一人当たりの医療費は世界最高額で、この値はOECD平均の約2倍である（OECD Health Data 2013, 2013; World Health Statistics 2013, 2013）。推定7,700万人のベビーブーマーたちが定年を迎えつつある中、州政府と連邦政府の財政は圧迫さ

れている（Gigante, 2010, February 22）。より多くのアメリカ市民に必要十分な医療サービスを提供するという社会的公正の観点からも、また財政の健全性を保つという経済的観点からも、アメリカ合衆国の医療保険制度は欠陥を抱えている。この現実を受け、ACA はより良質な医療を、より適正な価格で、より多くのアメリカ市民のもとに届けることを目指している。

　ACA に書かれた条項は、2014年1月を大きな節目としつつ、2010年から2020年にかけて段階的に施行されていく。これによって、いくつかの大きな変化がもたらされる。契約前発病（preexisting condition：医療保険への加入以前に病を患っていること）を理由に保険会社が医療保険への加入を拒否することの禁止、雇用主や政府によって医療保険を提供されていないすべての個人に対する医療保険加入の原則義務付け（individual mandate）、個人や企業がさまざまな保険商品を比較考量できる医療保険取引所（health insurance exchange）の設立、低所得者や小雇用主向けの補助金の支給、公的医療保険制度の拡充などがその例である（山岸、2014; Summary of the Affordable Care Act, 2013）。さらに、不確定要因は多いものの、この法律の施行によって将来の財政赤字が削減されることも見込まれている（Deficit-reducing health care reform, n.d.）。

　大統領選の最中からオバマの医療保険制度改革は大きな反発を引き起こしてきたが、ACA 成立後もその勢いは衰えなかった。全米50州のうち26州および中小企業を代表する団体などが ACA に対して違憲訴訟を起こし、その判断がアメリカ合衆国最高裁判所に委ねられたという一件は、オバマの改革に対する根強い反発の存在を物語っている（山岸、2014; Vicini, Stempel, & Biskupic, 2012, June 29）。2012年6月28日に下された最高裁判決では、ACA の根幹部分である個人に対する保険加入の義務付け（individual mandate）が5対4の僅差で合憲とされたものの、オバマの改革に対する反発が収まることはなかった。特に「小さな政府」を志向するティーパーティー（Tea Party）は、オバマの医療保険制度改革についての独自の解釈をメディアに流通させ、オバマの改革に対する市民の不安と反発を煽った。改革に賛成する民主党と反対する共和党の対立は2014年度予算案をめぐる攻防へと引き

第 5 章 医　　療　93

継がれ、2013 年 10 月 1 日から 16 日まで、17 年ぶりに政府機関の一部が閉鎖される事態へと発展した (Shear, 2013, October 17)。

　オバマの医療保険制度改革をめぐる議論は、政治家、医療関係者、保険会社、有識者、メディア関係者、市民運動家、ティーパーティー、そして一般市民を飲み込みつつ、過熱している。何がアメリカ人たちをこの議論に惹きつけるのか。ここでは何が問題になっているのか。

　その一方で、医療保険制度という議題の緻密で技術的な側面が、議論すべき対象の正確な理解とその理解に基づく理性的な議論を難しくしているのも事実である。その結果、アメリカ人たちは医療保険制度改革をめぐる議論に参加したくてもうまく参加できずにいたり、「大きな政府」対「小さな政府」、「社会主義」対「資本主義」といった観念的で粗削りな論争に終始したりしている。なぜ医療保険制度を語ることは難しいのか。どうすれば、これについてうまく語ることができるのか。

　以上の問いにコミュニケーション研究の観点から応答すべく、本章ではバラク・オバマが 2009 年 9 月 9 日にアメリカ合衆国議会合同会議 (Joint Session of the U.S. Congress) において行った演説を分析する (以下、これを「2009 年医療保険制度改革演説」と呼ぶ)。のちに ACA に結実する医療保険制度改革案の全貌をオバマが初めて公式に披露したこの演説は、この件についてのオバマのもっとも重要な演説だと言える (Obama woos Congress on healthcare, 2009, September 10; Rowland, 2011)。

　演説に先立つ夏の議会閉会期間中、それぞれの地元の政治集会に参加した議員たちは、オバマの医療保険制度改革案に対する激しい批判の声を耳にした。これらの声に後押しされた共和党議員のほとんどは、議会再開後、オバマによるいかなる提案をも拒絶すべく待ち構えていた。このような状況において、この演説はオバマ政権にとって最も重要な国内政策を危機から救う最後の機会だと見られていた (Fired up and ready to go, 2009, September 10)。この「修辞的切迫性 (exigence)」に対して、オバマはどのように応答したのだろうか (Bitzer, 1968)。

　オバマの演説に対する評価は、その医療保険制度改革をめぐる議論全体の

党派性と熱っぽさを反映して一つには定まらないが、この演説に対する好意的な論評も多く見られる。たとえばタイム誌は、オバマが医療保険制度という複雑な事柄について、専門用語に頼ることなく、明晰かつ簡潔に語ることに成功したと報じた（Klein, 2009, September 10）。またエコノミスト誌は、演説におけるオバマが「党利党略に凝り固まったイデオローグたちに満ちた部屋の中で、理性的かつ穏健な大人」の姿勢を崩さなかったことを高く評価した（Fired up and ready to go, 2009, September 10）。その後も続く激しい論争を見れば、この演説が医療保険制度改革をめぐる対立を解消したとは言えない。しかし、それを差し引いても、この演説が医療保険制度改革をめぐるオバマの重要な修辞的試みであったことに変わりはない。

　この演説において、オバマはいくつかの難しい課題を突き付けられた。まず、オバマはアメリカ合衆国の自由主義と資本主義を擁護しつつ、国民皆保険の必要性を説かなければならなかった。また、アメリカ合衆国議会という舞台を踏まえるなら、オバマは民主党議員の期待を裏切らないように配慮しつつ、できるだけ多くの共和党議員の支持を獲得しなければならなかった。さらには、先述したとおり、医療保険制度という高度に専門的な事柄について、平易かつ情熱的な言葉で語らなければならないという難しさもあった。本章では、これらの課題にオバマがどのように挑んだのかを吟味する。

2. 先行研究

　コミュニケーション研究者ロバート・C・ロウランド（Robert C. Rowland）は、2011年に公刊した論文において、オバマの2009年医療保険制度改革演説を分析している（Rowland, 2011）。ロウランドによれば、オバマはこの演説において、自らの改革を擁護するという目先の目標だけでなく、マディソン的民主主義に不可欠な「公共的理性（public reason）」への信頼を取り戻すという大きな目標をも達成しようとしている（Rowland, 2011）。第四代大統領を務めたジェイムズ・マディソンは、アメリカ合衆国憲法と権利章典の主要な執筆者として知られる。マディソンは自由で開かれた議論をとおして、よりよ

いアイディアが自然に優勢となり、最終的にもっとも優れたアイディアが勝ち残ると信じていた。そして、この自由で開かれた議論の中から生まれる公共的理性の働きによって政府を制御することが、民主主義の理想だと考えていた (Rowland, 2011, p. 695)。

　ジョン・ステュアート・ミルの古典的リベラリズムを彷彿とさせるこのマディソンの理想をオバマは共有しているとロウランドは書く（Mill, 1859/2008; Rowland, 2011）。ロウランドはオバマの著書『The Audacity of Hope（邦題：合衆国再生 ── 大いなる希望を抱いて）』の中から以下の一節を引用する。

> What the framework of our Constitution can do is organize the way by which we argue about our future. All of its elaborate machinery --- its separation of powers and checks and balances and federalist principles and Bill of Rights --- are designed to force us into a conversation, a "deliberative democracy" in which all citizens are required to engage in a process of testing their ideas against an external reality, persuading others of their point of view, and building shifting alliances of consent. (Obama, 2006, pp.110-111)
>
> 私たちの憲法の枠組みによって、私たちが未来について議論する方法が整備されている。三権分立、抑制と均衡、連邦主義の原則、権利章典 ── これらの精巧な機構によって、私たちは対話をするように、「討議民主主義」を採用するように迫られる。そこでは、すべての市民が自分たちのアイディアを外的現実に照らして検証し、自分の意見を受け入れてもらえるよう相手を説得し、そして合意に基づく連携を絶えず模索し続けることが要求されている。

医療保険制度改革をめぐる議論においては、ここに書かれているような討議民主主義は機能していない。したがって、オバマは今回の演説において、アメリカ合衆国の建国理念に立ち返り、自由で理性的な公的議論を取り戻そうと聴衆に訴えている。これがロウランドの主張である。以下ではこのロウランドの議論を踏まえつつ、オバマの医療保険制度改革についての演説を吟味する。

3. 演　　説

　2009年9月9日、オバマはアメリカ合衆国議会合同会議（Joint Session of the U.S. Congress）において、自らの医療保険制度改革について語った（Obama, 2009, September 9）。巧みな演説と幅広い有権者の支持によってオバマが史上初の黒人大統領に就任してから8か月が経過しようとしていた。大統領選をとおして希望に満ちたアメリカ合衆国の未来を語ったオバマが実際にどのような具体的政策を打ち出すのか、それが自分たちの暮らしをどのように変えるのか、アメリカ人たちは注視していた。オバマの後ろでは下院議長ナンシー・ペローシ（Nancy Pelosi）と上院議長兼副大統領ジョー・バイデン（Joe Biden）という二人の民主党の政治家たちが、彼の演説を見守っていた。オバマから見て前方左側には共和党の議員たちが、そして右側には民主党の議員たちが座り、彼の言葉に耳を傾けていた。この約47分に及ぶ演説によって、オバマは自分の医療保険制度改革に対する民主党議員の支持を確保しつつ、共和党議員たちの賛同を少しでも多く取り付けようとした。同時にオバマは自分が思い描くアメリカ合衆国の未来像をメディアの向こうにいるアメリカ人たちに訴えた。この演説でオバマは何を語ったのだろうか。以下ではこの演説の内容を吟味した後、さらに踏み込んだ考察を試みる。

（1）　現状 —— 医療保険制度改革の必要性

　まずオバマはアメリカ人たちが置かれている現状を確認することから演説を始める。オバマは2009年1月に自分が大統領に就任して以来、アメリカ経済が大恐慌以来と言われるほどの不況から好転し始めていることに言及し、それを可能にした議員とアメリカ市民たちに感謝する。これによって、オバマは自分が言葉だけでなく、実際の政治を動かす力を持っていることを示そうとする。同時に、オバマはこれから披露する医療保険制度改革への聴衆の理解と参加を促すための基調を設定していく。

　続いてオバマは医療制度改革がアメリカ合衆国の積年の課題であることを

過去の事例を挙げながら確認していく。セオドア・ローズヴェルトの試み以来、約一世紀にわたり、党の違いを問わず、すべての大統領が何らかの形で医療制度改革に取り組んできた。1943年に父が提案した包括的医療制度改革案を息子の民主党議員ジョン・ディンゲル（John Dingell）がいまだに提案し続けているという逸話が、その歴史を象徴している。しかし、それらの試みはどれもうまくいかなかった。こうして現在、アメリカ合衆国の医療制度は大きな問題を抱えるに至っている。

　オバマは現在のアメリカ合衆国の医療制度が抱える問題を列挙していく。多くのアメリカ人たちが、真面目に働きながらも莫大な保険料を支払えず、医療保険に加入できていない。医療保険に加入している者も、転職や失職によってそれを失う危険性と隣り合わせでいる。また、加入している保険が必要な医療費のすべてを補償してくれない可能性もある。他の数かずの演説同様、オバマはこれらの問題を抽象的に列挙するだけではなく、個人の物語をとおして語る。

　イリノイ州の男性は化学療法の最中に医療保険を失った。この男性が胆石の存在を知らず、それを保険会社に報告しなかったためである。彼は治療を遅らせ、その結果、死亡した。テキサス州の女性は両方の乳房の切除手術を受けようとしているときに、医療保険を停止された。ニキビについて報告しなかったからである。保険が再開されたとき、彼女のがんは二倍以上に肥大していた。「これは胸の痛む話であり、間違っており、アメリカ合衆国ではいかなる者もこのような扱いを受けるべきではない」と断言するオバマに、ほぼすべての聴衆が拍手で応じる（Obama, 2009, September 9）。

　これらの具体的な物語を語ったのち、オバマはアメリカ合衆国の医療制度の経済的側面に話題を移す。アメリカ合衆国の一人当たり医療費は世界最高であるにもかかわらず、アメリカ人たちはそれほど健康ではない。高すぎる医療費負担がアメリカ人たちに起業を思い留まらせると同時に、アメリカ合衆国の企業から国際競争力を奪っている。保険に加入している者たちは、保険に加入していない者たちの緊急治療のために、年間約1,000ドルを負担している。もし何の対策も講じられなければ、アメリカ合衆国の医療関連費は上昇を続け、メ

ディケアとメディケイドに対して、他のすべての政府事業にかかる経費を合わせた以上の資金が投じられることになる。このように語りながら、オバマは医療制度問題を最大の財政問題として位置づけていく。

(2) 改革の方向性 —— 三つの目標

アメリカ合衆国の医療制度の現状と改革の必要性を確認したオバマは、続いて改革の方向性を展望する。アメリカ合衆国の医療制度が問題を抱えていることは、ほぼすべての議員たちと一般市民たちが認めている。意見が分かれるのは、この問題についてどのように対処するかということである。この点について、オバマはまず二つの極論を紹介する。一つは政府が一括してすべてのアメリカ人たちに保険を提供する案で、オバマは主に「左派」がこれを提唱していると述べる。もう一つは雇用主による組織的な保険の提供を全廃し、すべてを個人保険とする案で、オバマはこれを「右派」による案と呼ぶ。オバマはどちらの案にも一理あることを認めつつも、これらの案が既存の医療保険制度の根本的な改革を必要とすることを問題視し、より現実的な改革を呼びかける。アメリカ経済の6分の1を占める医療の分野において失敗は許されないと語るオバマは、左にも右にも偏りすぎない均衡のとれた政策を自分が望んでいることを強調する。これはオバマの名を一躍世間に知らしめた2004年民主党全国大会基調演説以来、大統領選を経て今日に至るまで、オバマの演説を貫いている超党派的な呼びかけの一例だと言える（Frank & McPhail, 2005; Rowland, & Jones, 2007）。オバマは左派と右派のイデオロギー的な対立を牽制しつつ、共通点に根差した現実的かつ手堅い議論を求めていく。

やがてオバマは自分の改革案が掲げる三つの目標を披露する。一つ目の目標は、医療保険に加入している者たちに対して、より安全でより安定した保険を提供することである。二つ目の目標は、医療保険に加入していない者たちに保険加入の機会を与えることである。そして三つ目の目標は、家庭、企業、政府が負担する医療費の増加を抑えることである。オバマはこれらの目標を達成するためには、政府、保険会社、雇用主、個人など、すべてのアメリカ人たちの協力が必要であると述べる。また、これらの案が上院議員と下院議員、民主党

員と共和党員、そして大統領選の敵対者たちの発想を反映していることを強調する。こうして、オバマは超党派的な案に対する超党派的な支持を呼びかけていく。

(3) 改革の詳細

　改革の大まかな方向性と三つの目標を示した後、オバマは改革の詳細について語り始める。ここではオバマの医療保険制度改革案を取り巻くさまざまな憶測と懸念を取り除くことが意図されている。まず、オバマは現在保険に加入しており、それに満足している者たちは、自分の改革によって何の影響を受けることもないということを確認する。オバマはこの発言によって、医療保険という「既得権益」を持つ者たちがオバマの改革を支持しないまでも、それに反対することがないよう説得している。

　オバマは保険加入者たちにとっての医療保険制度改革案の利点を挙げていく。この改革案が実現すれば、保険会社は契約前発病（preexisting condition）を理由に保険への加入を拒否することができなくなる。各年あたり、また一生のうちに、各人が保険会社から受け取ることができる治療費の上限も撤廃される。自己負担額に上限が設定されるため、病気によって自己破産に追い込まれるという事態はなくなる。そして、定期検診や予防医療のための費用が保険で賄えるようになる。オバマはこれらの利点を列挙しながら、保険加入者たちの支持を取り付けようとする。

　続いてオバマは現在保険に加入していないアメリカ人たちに対する改革案の影響に話題を移す。まずオバマが紹介するのは、個人や小企業主が保険商品を手頃な価格で購入できる保険取引所（insurance exchange）の設立案である。保険会社は数百万人の新たな顧客を求めてこの取引所に参入するだろうし、個人や小企業主は一団となって保険会社と交渉することができるようになるだろうとオバマは言う。オバマは演説の聴衆である議員たちがこの制度と似たやり方で医療保険を得ていることに触れ、それをすべてのアメリカ人たちのもとに届けようと提案する。取引所を説明するために「市場（marketplace）」という言葉が用いられていることからもわかるとおり、オバマは保険取引所

を競争と選択という資本主義の原則に根差した制度として位置づけようとする（Obama, 2009, September 9）。これはオバマを社会主義者と批判する者たちへの一つの応答になっている。この提案は、ほぼすべての議員たちに拍手で迎えられる。

オバマはさらに保険取引所の詳細を述べていく。取引所で提供される低価格な保険さえも購入できない個人や小企業主に対しては、税額控除が実施される。取引所に参入する保険会社は、先にオバマが述べた消費者保護のための規制に従わなくてはならない。取引所は慎重な準備を経て4年以内に設立される。それまでの期間、契約前発病によって保険に加入できていない者たちに対しては、ただちに低価格の医療補償が提供される。オバマは共和党上院議員ジョン・マケイン（John McCain）が自分との大統領選の最中にこの提案をしたことに触れ、「これはいいアイディアだったし、今でもいいアイディアだから、ぜひ採用しよう」と呼びかける（Obama, 2009, September 9）。聴衆の一人であるマケインは笑いながら親指を立て、オバマは笑顔でこれに応える。

オバマは次に保険加入の義務付けについて述べる。低価格の医療保険が準備されたとしても、自らの意思でそれに加入しないことを選ぶ健康な若者がいるかもしれない。また、従業員に対して医療保険を提供しようとしない企業があるかもしれない。オバマはこうした行為を問題視する。保険未加入者たちが病に倒れたとき、その医療費を保険加入者たちが肩代わりしなければならないからだ。すべてのアメリカ人たちが責任を持った行動をとらなければ、できるだけ多くのアメリカ人たちに手頃な価格の医療保険を提供するという改革の目標は達成されない。こうした理由から、オバマは原則としてすべての個人が医療保険に加入すること、そしてすべての企業が従業員に対して医療保険を提供することを義務付けようと提案する。ただし、オバマによれば、これは主に財政に余裕のある個人と企業を想定した提案であり、厳しい財政状況にある個人と企業に対しては特別措置が講じられる。このすべての個人に対する医療保険加入の義務付け（individual mandate）が個人の自由を侵害する憲法違反ではないかとの批判を受け、アメリカ合衆国最高裁判所が僅差で合憲判決を下したことは先に述べたとおりである（山岸, 2014; Vicini, Stempel, & Biskupic,

2012, June 29)。オバマはここで、医療保険への加入義務付けを自動車保険への加入義務付けに喩えて聴衆を説得しようとしている。これはアメリカ合衆国において政府が国民に何かを強いることに対する拒否反応が強いことを踏まえた上でのオバマの修辞的選択だろう。

（4） 批判と懸念に対する応答

　既存の保険の質の向上、保険取引所の設立、そしてすべてのアメリカ人たちに対する保険加入の義務付けという医療保険制度改革の具体案を語ったオバマは、次に自らの改革に対する批判と懸念に応答する作業に取りかかる。オバマの改革案に関しては、保守系のメディアや政治家たちが独自の解釈に基づく情報を流通させ、市民の不安と反発を煽ってきたという経緯がある。これを受けて、オバマは自分の改革に関する誤解と曲解を一つずつ正し、不足情報を補っていく。たとえば、オバマが医療を受けるに値する高齢者とそうでない高齢者とを選別する官僚組織を設立しようとしているというメディア関係者や政治家たちの主張に対して、オバマはこれを真っ赤な嘘だと退ける。また、オバマの改革は不法移民たちに低価格の保険に加入する機会を与えるものだという主張に対しても、オバマはきっぱりとその可能性を否定する[1]。さらにオバマは人工妊娠中絶のために自分たちが連邦政府予算を使うことはないことなどを説明していく。しかし、ここでオバマがもっとも時間を割いて説明しているのは、自分の改革案が医療制度全体の「政府による乗っ取り（government takeover）」を意図するものではないということ、そしてこの改革が財政赤字を増加させることはないということの二点である（Obama, 2009, September 9）。

　第一の点に関して、オバマが大きな政府を志向する社会主義者であるという類の批判は、保守系メディアにあふれている。本来「大きな政府」や「社会主義」という言葉は、一つの社会の在り様を示しているのであって、必ずしも否定的な意味合いを持つわけではない。それにもかかわらず、これらの言葉に常に否定的なニュアンスが与えられ、これらの言葉をぶつけることが直ちに批判へとつながるという事実は、アメリカ合衆国における政治的議論が自由

主義と資本主義を暗黙の前提としていることを物語っている。そうした政治的文脈を踏まえつつ、オバマは自分の医療保険制度改革が「選択と競争（choice and competition）」を原則としたものであることを強調する（Obama, 2009, September 9）。

オバマによれば、全米50州のうち34州において、医療保険市場の75パーセントが5つ以下の保険会社によって占められている。アラバマ州においては、医療保険市場のほぼ90パーセントを一つの保険会社が支配している。このような競争のない状況において、保険商品の値は上がり、質は低下する。保険会社は病気の者たちを排除し、健康な者たちのみを相手に商売をするようになる。このように、オバマは競争自体が問題なのではなく、競争が正しく機能していないことが問題なのだということを強調し、自分が市場の敵対者ではないことを示していく。

その一方で、オバマはすべてを市場に任せることで問題が解決するとも考えていない。保険会社が市場における利益を追求するあまり、保険という制度の公的意義を見失いがちなのは事実である。オバマはある保険会社幹部の話として、保険会社が病人たちを顧客リストから排除するように奨励されているのみならず、それによって報酬を与えられていることを紹介する。保険会社は「ウォールストリートからの容赦ない利益追求の期待」にさらされている（Obama, 2009, September 9）。こうした現状では、市場に任せていただけでは必要なサービスが必要な者たちのもとに届けられない。

オバマは保険会社が合法的に商売をしていること、そして自分たちの友人や隣人たちに職を提供するという重要な社会的役割を果たしていることを認める。その上で、保険会社に対して、より大きな責任を果たしてほしいと訴える。そして、それを可能にする仕組みとして、保険取引所をとおして提供される非営利の保険商品「パブリック・オプション（public option）」を提案する（Obama, 2009, September 9）。

オバマによれば、パブリック・オプションは保険未加入者が自分の意思で選択し、購入する公的保険である。どのような者であっても、この保険への加入を強制されることはない。また、パブリック・オプションは自給自足型の制

度で、その維持運営のために税金が投入されることはない。パブリック・オプションは非営利の公的商品であるため、営利企業による商品よりも良質なサービスを低価格で提供できるかもしれない。そして、そのような商品との競争にさらされることによって、保険会社もよりよい商品をより良心的な価格で提供することを強いられるかもしれない。ここでオバマはパブリック・オプションと保険会社の関係を公立大学と私立大学の関係に喩えて、聴衆の理解を求めていく。こうしてオバマは自分があくまでも選択と競争という原則を尊重しつつ改革を進めていこうとしていること、すなわち自分の政策が自由主義と資本主義に敵対するものではないということを訴えていく。

　パブリック・オプションという制度が多くの反発を引き起こし得ることを知るオバマは、それらの反発を未然に抑えようとする。パブリック・オプションはオバマの医療保険制度改革の一部でしかない。連邦議会予算局（Congressional Budget Office）の予想では、パブリック・オプションを選択するのはアメリカ人の5パーセントに満たないとされる。そう語りながら、オバマはパブリック・オプションをめぐる議論を「お決まりのイデオロギー闘争」に変容させることのないよう議員たちに訴えていく（Obama, 2009, September 9）。オバマはより急進的な改革案を求める民主党員たちに対して、パブリック・オプションが民間保険会社の商習慣を改めさせ、保険未加入者に手頃な価格で医療保険を提供するという目標を実現するための一つの手段に過ぎないことを説明する。また共和党員たちに対しては、医療制度の「政府による乗っ取り」などという粗削りな批判は止めて、彼らが抱く正当な懸念について話し合おうと呼びかける（Obama, 2009, September 9）[2]。

　オバマの医療保険制度改革案に対するもう一つの大きな懸念は、新たな制度の財源をどのように確保するかということである。オバマはこの点について、「現在においても未来においても、私たちが抱える財政赤字をわずかでも増やすような法案に私は署名しない」と二度繰り返し、ほぼすべての聴衆から拍手を浴びる（Obama, 2009, September 9）。演説の冒頭で述べられたとおり、オバマが医療保険制度改革を断行しようとしている大きな理由の一つは、アメリカ合衆国の医療制度が巨額の財政赤字を生んでいるという事実だった。このこ

とを踏まえれば、オバマは当然のことを言っているようにも聞こえる。しかし、先述したとおり、アメリカ合衆国にはオバマを含む民主党員たちが政府の巨大化とそれに伴う国家予算の増大を目論んでいるのではないかという懸念が根強く、オバマはこれらの懸念を払拭するよう努めなければならなかった。

　自分が現在直面している巨額の財政赤字の一部は共和党ブッシュ政権によるイラク戦争や富裕層向け減税によってもたらされたとして共和党を批判した後、オバマは新しい医療保険制度の財源をどのように確保するのかを細かく述べていく。既存の制度の無駄を省いていくことで財源を捻出するというのがオバマの基本的主張だが、その際にオバマは高齢者を主な対象とした公的医療保険制度メディケアに焦点を当てる。

　懸命に働き続けたアメリカ人たちがその晩年に医療費の支払いに苦しむことのないようにするというメディケアの創設理念は、現在でも尊いものであるとオバマは述べる。そして、自分が今回の改革のためにその運営資金に手をつけることはないと約束する。その上で、オバマは医師と医療専門家による委員会を設立し、不当な補助金の支給などの無駄遣いを洗い出すことを提案する。これらの委員会はまた、低価格で質の高い医療を提供している全米各地の事例を研究し、それらを適宜採用していく。こうして、今回の改革によってメディケアが縮小されるのではないかという高齢者たちの懸念をオバマは和らげようとする。

　オバマはメディケアとメディケイドの改革によって新しい医療制度に必要なほとんどの財源は確保されるとしながらも、さらにいくつかの超党派的提案をする。保険会社が提供するもっとも高価な保険商品に対して手数料を課すことや、医者を過度な医療訴訟から解放することなどがその例である。これらの案は民主党と共和党の双方によって提案されている。これらの案に共感を示すことで、オバマはよい提案であれば党派の違いを越えて受け入れる用意があることを強調する。

(5) エドワード・ケネディーからの手紙

　ここまでオバマは約47分の演説時間のうち約38分を費やして、医療保険制度改革の必要性と方向性を述べ、自分の改革に対する批判や懸念に応答してきた。ここでオバマは医療保険制度という専門的で難解な事柄について、できるだけわかりやすく語るという課題をある程度達成しているように見える。また、彼はアメリカ合衆国における積年の政治課題である医療制度改革を断固として実行するという信念も見せている。その一方でオバマは、2004年民主党全国大会基調演説（Frank & McPhail, 2005; Rowland & Jones, 2007）や2008年大統領選における一連の演説（花木, 2010, 2014a; Dilliplane, 2012; Frank, 2009; Rowland & Jones, 2011; Terrill, 2009）においてなされたように、アメリカ合衆国の理想を長い歴史的射程において語る作業には取り組んでいない。オバマは残りの時間でこの重要な作業に取り組もうとする。

　オバマはまず政治的駆け引きによって、この医療保険制度改革案を廃案に追い込んだり、その内容を歪めて解釈したりすることは許されないと強調する。現状維持は許されない。現状を維持すれば、財政赤字は膨らみ、より多くの人びとが必要なときに医療保険を失い、死に至る。医療制度改革を求める声が、地方政治集会や電子メールや手紙によってオバマのもとに届いている。その手紙の一つとして、オバマは演説の直前に死去した民主党上院議員エドワード・ケネディーからの手紙の内容を披露する[3]。自分の余命が限られていることを知ったケネディーは、演説が行われる数か月前の2009年5月、この手紙を書いた。手紙はケネディーの希望により、彼の死後、オバマのもとに届けられた。

　手紙にはケネディーが最期の数か月を家族とともに幸せに過ごしたということ、そしてアメリカ社会に残された大きな課題である医療制度改革が年内に実現するであろうことを彼が確信していたということが綴られている。ケネディーによれば、医療制度という事柄は単なる物質的次元を超えて、道徳に関わっている。そこでは政策の詳細のみならず、社会的公正の原則と「私たちの国の倫理的性格（the character of our country）」が問題となっているとケネディーは書く（Obama, 2009, September 9）[4]。

オバマはこの「私たちの国の倫理的性格（the character of our country）」という言葉について思いを巡らす（Obama, 2009, September 9）。オバマはアメリカ合衆国の特徴として、自主自立の精神、頑強な個人主義、自由の擁護、そして政府に対する健全な懐疑を挙げていく。そして、政府の役割とその適正な大きさについての議論がしばしば激しい論争を生んできたという歴史を確認する。これは国民皆保険の実現を目指すエドワード・ケネディーの政治活動が、大きな政府による自由の侵害として批判されてきたという経緯を踏まえてのことである。

ケネディーをよく知る民主党と共和党の政治家たちは、この批判が当たらないことを知っているはずだとオバマは言う。ここでオバマは、オーリン・ハッチ（Orrin Hatch）、ジョン・マケイン（John McCain）、チャック・グラズリー（Chuck Grassley）などの共和党の政治家たちがケネディーとともに医療制度改革に取り組んできたことに具体的に言及し、ケネディーの活動が超党派的性格を備えていたことを確認する。

オバマによれば、ケネディーの政治的情熱は、頑迷なイデオロギーではなく、彼自身の経験に根差していた。二人の子どもががんを患うという経験を持つケネディーは、自分の子どもが深刻な病に倒れたときの親の気持ちを知っていた。そして、彼は同じ境遇に置かれた保険未加入者たちがどのように感じるのか、また妻や子どもや年老いた親に対して「身体をよくする方法はあるけれど、それをするためのお金がない」と言わなければならない状況がどのようなものかを想像することができた（Obama, 2009, September 9）。

この寛大な心と他者の苦境に対する配慮は党派的ではない。それは民主党的心情や共和党的心情ではなく、アメリカ合衆国の倫理的性格の一部である。そう述べるオバマの言葉は、アメリカ合衆国が青い州と赤い州の寄せ集めではなく、アメリカ合衆国であると説いた2004年民主党全国大会基調演説や2008年大統領選における一連の演説と響き合う。

さらにオバマはアメリカ合衆国における超党派的共闘の歴史を振り返る。1935年、社会保障制度はアメリカ合衆国の社会主義化をもたらすという批判を議員たちは退け、これを実現した。1965年、メディケアは医療制度の政府

による乗っ取りであるという批判をやはり議員たちは退け、これを実現した。こうしてオバマは、民主党員と共和党員がともにアメリカ合衆国の政治家として協力し合ってきたこと、そしてこれからも協力し合えることを示そうとする。オバマはここで、以下の印象的な一節を披露する。

> You see, our predecessors understood that government could not, and should not, solve every problem. They understood that there are instances when the gains in security from government action are not worth the added constraints on our freedom. But they also understood that the danger of too much government is matched by the perils of too little; that without the leavening hand of wise policy, markets can crash, monopolies can stifle competition, the vulnerable can be exploited. And they knew that when any government measure, no matter how carefully crafted or beneficial, is subject to scorn; when any efforts to help people in need are attacked as un-American; when facts and reason are thrown overboard and only timidity passes for wisdom, and we can no longer even engage in a civil conversation with each other over the things that truly matter --- that at that point we don't merely lose our capacity to solve big challenges. We lose something essential about ourselves. (Obama, 2009, September 9)

> 政府はすべての問題を解決できないし、そうするべきでもないということを先人たちは知っていた。政府の行動によって安心が得られるとしても、それによって私たちの自由が制限されるのであれば、そうする価値がない場合もあるということを彼らは知っていた。その一方で、彼らは大きすぎる政府と同じように小さすぎる政府も危険だということを知っていた。賢明な政策によって調整されなければ、市場は崩壊し、独占は競争を阻害し、弱い立場にいる者たちは搾取されるかもしれない。そして、先人たちは今から私が言うことも知っていた。それがどれだけ丁寧に考案されているか、あるいはどれだけ有益であるかということとは関係なく、政府によるすべての施策が冷笑の対象となるとき。困っている人たちを助けようとする努力のすべてがアメリカ的ではないと攻撃されるとき。事実と理性が投げ捨てられ、臆病であることが賢いことだと見なされるとき。そして、私たちが本当に重要な事柄について、落ち着いて意

見交換することができなくなるとき。そのとき、私たちは大きな問題を解決する能力を失うだけではない。私たちは私たちにとって決定的な何かを失うだろう。

　この一節をとおして、オバマはアメリカ人たちの政府に対する信頼を取り戻そうとしている。政府による適切な調整がなければ、市場は崩壊し、競争は妨げられ、弱い者たちは搾取される。オバマにとっては、ウォールストリートによる過度の利益追求と少数の保険会社による市場の独占こそが、自由な精神と公正な競争の機会を奪ってきたということになる。そして、それらを取り戻すためには、確かな政策と適度な強制力を備えた政府が必要だということになる。つまり、オバマはここで政府の存在そのものがアメリカ的ではないという批判に反論し、良識的な政府の不在こそがアメリカ的価値を危機に陥れていると主張している。

　他の事柄と同様、政府にも本来よい部分と悪い部分があってよいはずだが、そのよい部分から目を背け、悪い部分のみに注目し、政府という存在を丸ごと消し去ろうとする議論をオバマは極論として退ける。医療制度のような重要な事柄について、事実に基づく理性的な議論が成立しなくなるとき、アメリカ人たちにとって大切な何かが失われる。そのことを先人たちは知っていたと語ることで、オバマは自分こそがアメリカ合衆国の進歩の歴史の正統な継承者である一方で、オバマを批判する者たちこそが非アメリカ的な逸脱者であることを印象づけようとする。

　こうして医療保険制度改革においては、政策の技術的な詳細のみならず、アメリカ合衆国という国の倫理的性格が試されているということをオバマは強調する。そして、その困難だけれども必要な改革を断固として成し遂げる覚悟を述べて、オバマは演説を終える。

4. 考　　察

　ここまで医療保険制度改革についてのオバマの演説の内容を吟味してきた。オバマの演説にはその政治的信念を色濃く反映したものが少なくない。2004年民主党全国大会基調演説（Frank & McPhail, 2005; Rowland & Jones, 2007）や2008年大統領選における演説（花木，2010, 2014a; Dilliplane, 2012; Frank, 2009; Rowland & Jones, 2011; Terrill, 2009）では、多元的なアメリカ合衆国の未来が高らかに語られていた。これらの演説に対して、今回の演説では、医療保険制度の技術的側面についての価値中立的な議論が展開されているという印象を受けるかもしれない（Rowland, 2011, p.695）。オバマはここで「左」と「右」の党派対立を戒めつつ、事実に基づいた冷静な議論を展開するのに徹しているように見える。しかし、よく耳を澄ませば、今回の演説の随所にも他の演説と同様、オバマの政治的信念が反映されているのを確認することができる。この節では、冒頭で述べたいくつかの問いを踏まえつつ、この演説におけるオバマの語りの特徴を整理する。そして、そうした語りをとおして、オバマが医療保険制度という具体的政策の中にどのように自らの政治的信念を吹き込んでいったのかを確認する。

　第一に、オバマはアメリカ合衆国議会に集まった民主党と共和党の議員たちに対して、自分の医療保険制度改革が超党派的な試みであるということを何度も訴えている。一世紀近く前に初めて医療制度改革の必要性を訴えた大統領として共和党出身のセオドア・ローズヴェルトの名前を挙げた上で、民主党出身か共和党出身かにかかわらず、すべての歴代大統領が医療制度改革に挑んできたという歴史を紹介する冒頭部分は、その一例である。また、演説最後のエドワード・ケネディーからの手紙をめぐる箇所では、ケネディーと親交のあった共和党議員たちの名前を具体的に挙げながら、彼らの記憶と感情に訴えている。このような共闘の歴史を紹介することで、オバマは医療制度改革がアメリカ合衆国の政治家全体に関わる超党派的課題であることを強調している。これはオバマの他の演説にも広く見られる特徴である。

第二に、オバマは自分が提案する新しい医療保険制度が未知のものではなく、すでにアメリカ人たちに馴染みのある制度の一つの変奏に過ぎないということを訴えている。たとえば、オバマは個人に対する医療保険加入の義務付け（individual mandate）を自動車保険への加入義務付けに喩えて、聴衆の懸念を和らげようとしている。また、民間保険会社の保険商品とパブリック・オプションの関係については、これを私立大学と公立大学の関係になぞらえて聴衆の理解を求めている。保険加入の義務付けや公的保険商品の導入は、一見するとアメリカ合衆国の自由や市場を脅かすものと受け取られかねない。オバマはこれらを自動車保険や公立大学という聴衆に馴染みのある既存の制度に喩えることで、自分の改革をアメリカ的な生活に対する脅威ではなく、その延長として位置づけようとしている。

　これに関連して、第三にオバマは自分の改革が自由主義と資本主義に根差した極めてアメリカ的な試みであることを聴衆に訴えている。オバマを大きな政府を志向する社会主義者とみなし、これを批判する者が少なくないことは先に述べた。個人の自由や市場の活力を奪うものとしての大きな政府を嫌う傾向は、ほぼすべてのアメリカ人たちに共有されている。これを踏まえて、オバマは自分の医療保険制度改革が個人の自由を尊重し、市場に活力を与えるものであることを説明していく。オバマは医療保険市場が少数の保険会社によって占められている事実を指摘しながら、政府が然るべき役割を果たしていない現状においてこそ、個人の選択の自由が制限され、市場における公正な競争が妨げられていると説く。そして、自由と選択というアメリカ的価値を守るためには、政府による適切な制御が不可欠であること、そして自分の医療保険制度改革がその一環であることを訴えていく。

　第四に、オバマはこの演説をとおして自由で理性的な公的議論の重要性を再確認すると同時に、その実践へと聴衆を誘っている（Rowland, 2011）。オバマは医療保険制度改革を語るに際して、2008年大統領選のときのような情熱的で力強い言葉は使っていない。その代わりに彼は自分の提案する新しい制度について、事実に基づいた堅実な説明を試みている。この修辞的選択には、自らの改革を正当化するという当面の目標を越えて、公共的理性（public reason）

への信頼を取り戻そうとするオバマの意志が反映されている（Rowland, 2011, p.708）。オバマの医療保険制度改革は、誤解と憶測に基づく党派対立を生んできた。そこでは自己主張と他者批判が強調され、互いの意見を比較検討しながら、少しずつ合意を積み重ねていく地道な作業は軽視されてきた。これを受けた今回の演説において、オバマは自ら理性的な語りを採用することで、聴衆を自由で開かれた討論へと導こうとしている。

　最後にオバマはこの演説において、他の演説においてと同じく、個人的側面と社会的側面の均衡がとれたアメリカン・ドリームを語っている。この事実は、市場における競争を擁護しつつも、政府による適切な規制と調整を不可避とみなす一連の発言からも明らかだが、これをもっとも顕著に表しているのは、エドワード・ケネディーからの手紙を引き合いに「アメリカの倫理的性格（American character）」を語る演説の最終部分である（Obama, 2009, September 9）。ここでオバマは、医療制度改革に取り組むケネディーの政治的情熱は「イデオロギーではなく、彼自身の個人的体験に根差している」としつつ、以下のように続ける（Obama, 2009, September 9）。

> That large-heartedness --- that concern and regard for the plight of others --- is not a partisan feeling. It's not a Republican or a Democratic feeling. It, too, is part of the American character --- our ability to stand in other people's shoes; a recognition that we are all in this together, and when fortune turns against one of us, others are there to lend a helping hand; a belief that in this country, hard work and responsibility should be rewarded by some measure of security and fair play; and an acknowledgment that sometimes government has to step in to help deliver on that promise. (Obama, 2009, September 9)

> その大きな心――他者の窮状に対する気遣いと配慮――は党派的な感情ではない。それは共和党的な感情でも民主党的な感情でもない。それはアメリカの倫理的性格の一部だ。他者の立場に我が身を置くことができるという私たちの能力。私たちは運命を共にしているという感覚。私たちの誰かが不運に見舞われたなら、他の者たちが手を差し伸べるということ。この国において、勤勉と

責任は一定の安心とフェアプレイによって報われるという信念。そして、その約束がきちんと果たされるように、時として政府が介入しなければいけないという事実を認めるということ。

ここでオバマは、他者の窮状を気遣う気持ちは党派的なものではなく、アメリカの倫理的性格の一部だと述べている。そして、相手の立場に身を置くこと、困ったときには助け合うこと、公正さと安心感を必要に応じて政府が与えることなどを、党派の違いを越えたアメリカ的価値として挙げている。こうしてオバマは、アメリカ合衆国の医療制度をめぐる議論においても、自助努力と自己責任に加えて、共感と連帯が必要とされるということを強調していく。

5. おわりに

2004年の民主党全国大会における基調演説は、オバマの雄弁を全米に知らしめた（Frank & McPhail, 2005; Rowland & Jones, 2007）。2008年の大統領選中に行われた「ア・モア・パーフェクト・ユニオン」演説は、オバマが親しくする牧師ジェレマイア・ライトの説教動画が引き起こした人種をめぐる騒動を鎮め、オバマの選挙戦を危機から救った（花木, 2010, 2014a; Dilliplane, 2012; Frank, 2009; Rowland & Jones, 2011; Terrill, 2009）。そして、2008年の大統領選における一連の演説は、オバマを史上初の黒人大統領の座へと導いた。これらに対して、今回の考察の対象である2009年医療保険制度改革演説は、直接的に際立った政治的成果を収めたわけではない。2010年3月、「患者保護および医療費負担適正化法（Patient Protection and Affordable Care Act: PPACA）」とその修正法「医療および教育調整法（Health Care and Education Reconciliation Act: HCERA）」が成立したとは言え、オバマの医療保険制度改革をめぐっては引き続き激しい論争が繰り広げられている。オバマはこの演説において、事実に基づいた理性的で開かれた議論を聴衆に求めたが、その呼びかけは虚しく宙に消えたかのように見える。

医療制度はアメリカ社会のあり方を問う大きな政治問題である。それはすべてのアメリカ人たちの生活に影響を与えると同時に、彼らに「アメリカ的な生

き方とはどういうものか」という本質的な問いを突き付ける。オバマの演説は、医療保険制度という高度に技術的な事柄について平易かつ情熱的に語るという当初の目標を達成しているように見える。その一方で、この演説には、民主党と共和党、リベラルと保守、「左」と「右」に二分されたアメリカ政治の言説風景を変えるだけの力はなかったようだ。

これ以後、オバマが医療制度について2009年医療保険制度改革演説に匹敵するような演説を行うことはなかった。しかし、オバマは折に触れてこの件について語り続けている。今後、オバマは医療についてどのように語っていくだろうか。その言葉は自由で開かれた討論を触発し、公共的理性を呼び覚ますことができるだろうか。

注

　本章は以下の論文に加筆したものである。花木亨（2014b）「バラク・オバマは医療を語る──2009年9月9日アメリカ合衆国議会合同会議における演説をめぐる考察──」、『日本コミュニケーション研究』、第43巻第1号、日本コミュニケーション学会、pp.49-67。

1) このオバマの発言を聴いた共和党下院議員ジョー・ウィルソン（Joe Wilson）が、オバマに対して「嘘つきめ！（You lie!）」と叫び、会場が騒然となる一幕があった。ウィルソンに対しては、のちに下院において譴責決議が採択された（Phillips, 2009, September 15）。
2) 結果的にパブリック・オプションはACAには盛り込まれなかった。
3) エドワード・ケネディーのことを、オバマは親しみを込めてテッド・ケネディー（Ted Kennedy）と呼ぶ。
4) 英語の「character」は適切な日本語に訳しづらい言葉だが、ここでは文脈を踏まえて「倫理的性格」とした。ここまで主に医療制度改革の物質的側面について語ってきたオバマが、このケネディーからの手紙をめぐる箇所においては、その倫理的側面について語っていることを考慮した。

第6章

移　民

1. はじめに

　本章では、現代アメリカ政治における重要課題の一つである移民制度改革についてオバマがどのように語ってきたのかを吟味する。移民制度がアメリカ社会にとって重要な問題であるということは、この国が移民によって形作られてきたという事実を踏まえれば自ずと明らかである。アメリカ合衆国は移民の国である。アメリカ先住民は移民ではないし、奴隷としてアメリカ合衆国に連れて来られたアフリカ系アメリカ人たちを移民と呼ぶことはできないとしても、大多数のアメリカ人たちは移民か移民の子孫である。世界中からさまざまな肌の色と文化的背景を持つ人びとがアメリカ合衆国へと渡り、そこに定住し、やがてアメリカ人と呼ばれるようになった。その動きは今も続いている。
　移民はアメリカ合衆国の経済、社会、政治に大きな影響を及ぼしてきた。そのアメリカ経済への影響を正確に把握することはできないが、移民がアメリカ合衆国の経済成長に欠かせない労働力を供給してきたという説には相当の説得力がある（Giovagnoli, 2013; Martin & Midgley, 2010）。この点に関して、アメリカ合衆国副大統領ジョー・バイデン（Joe Biden）は、オバマ政権の移民制度改革をめぐる公開インタビューの席で、アメリカ合衆国の経済的繁栄の秘密は移民にあると述べている（Ask The White House, 2013, December 11）。バイデンによれば、世界中から活力と才能に満ちた若者たちが絶え間なくアメリカ合衆国へと流れ込み、この国に新しい産業と技術革新をもたらし続けてきた。その意味において、移民はアメリカ経済を駆動する無限のエネルギー源だと言える。このバイデンの発言は主に知的労働に従事する高学歴の移民たちを

想定しているが、全米各地の農場や建設現場で働く移民たちがアメリカ経済に与える影響も無視できない（Giovagnoli, 2013; Martin & Midgley, 2010）。アメリカ史を通じて、移民たちは低賃金労働者としてこの国の農業や建設業を支えてきた。その一方で、移民たちが収める税金以上の公的サービスを受けており、そのことが財政負担につながっているという指摘もある。また、低賃金で働く移民たちが他のアメリカ人たちから仕事を奪っているという側面もある（Giovagnoli, 2013; Martin & Midgley, 2010）。いずれにせよ、移民がアメリカ経済に深く組み込まれた存在であることは間違いない。

　移民たちの多くは経済的要因によってアメリカ合衆国に移住し、その経済に大きな影響を及ぼしてきたが、それと同時に彼らはアメリカ社会全体の姿を変容させてきた。はじめはヨーロッパの北部と西部から、続いて南部と東部から、そして最近ではアジアとラテンアメリカから、アメリカ合衆国は絶え間なく移民を受け入れてきた。異なる母語を話し、異なる宗教を信じ、異なる生活様式を持つこれらの移民たちは、アメリカ社会に多様性をもたらしてきた。現在においては、白人であることやキリスト教徒であることをアメリカ人であることの主要な特徴とみなすことはできない。新しい移民たちの到来は、アメリカ社会に根差す共通の価値観に変容を強いる。それぞれの時代の主流のアメリカ人たちの多くは、その事実に脅威を覚え、移民たちを排斥しようとしてきた。それでもアメリカ合衆国への人びとの移住がとどまることはなく、アメリカ社会は多様性を内に取り込みつつ変容を続けている。

　アメリカ合衆国に長く住み、アメリカ人となった移民とその子孫たちは、民主主義社会の一員として、そして有権者として、アメリカ合衆国の世論と政治に影響を及ぼし始める。その顕著な例として、2008年の大統領選においてアメリカ合衆国史上初の黒人大統領の誕生を可能にしたのは、この国の人口構成の変化であるとする議論がある（Canellos, 2008, November 11）。同様に、2012年の大統領選においてオバマの再選を可能にしたのは、ヒスパニック系有権者の存在だったとの指摘もある。この選挙においては、ヒスパニック系投票者の71パーセントがオバマに投票したと伝えられている（Benac, 2013, May 4; Latino voters in the 2012 election, 2012, November 7）。これらの事

実から、移民がアメリカ政治に与える影響の大きさを窺い知ることができる。アメリカ合衆国において、移民問題とは極めて政治的な問題である。

　このように、移民はアメリカ合衆国の経済、社会、政治と深く関わっている。この国が移民によって構成されている以上、それは当然のことだろう。アメリカ人について語るということは、すなわち移民について語るということを意味する。アメリカ合衆国という国の本質に関わるこの重要な論件について、オバマはどのように語ってきたのだろうか。この問いにコミュニケーション研究の観点から応答すべく、本章ではオバマが2011年5月にテキサス州エルパソにおいて行った演説を吟味する。

2. 背　　景

　2011年の調査によると、アメリカ合衆国には約4,040万人の移民が住んでいるとされる（A nation of immigrants, 2013, January 29）[1]。これはアメリカ合衆国の総人口約3億1,000万人の13パーセントに当たる。総人口に占める移民の割合は1890年から1920年にかけての15パーセントには至らないが、移民総数は史上最大である。かつて主流だったヨーロッパからの移民は影を潜め、1965年の「移民国籍法（Immigration and Nationality Act）」成立以降は全体の50パーセントがラテンアメリカから、そして27パーセントがアジアからの移民だとされる[2]。注目すべきは、この約4,040万人の移民のうち約1,100万人が非合法移民だという事実である[3]。その数は2007年の1,200万人を頂点として下落傾向にあるものの、総人口の3.5パーセント前後を占めている。この非合法移民の存在が、アメリカ合衆国の移民制度改革をめぐる議論を触発すると同時に、難しくしている（A nation of immigrants, 2013, January 29）。

　非合法移民（unauthorized immigrant）とは、アメリカ人ではない両親のもとに外国で生まれ、アメリカ合衆国に居住している者のうち、合法移民ではない者のことを指す（Passel & Cohn, 2011, February 1）[4]。彼らの多くは、正式な書類手続きを経ずにアメリカ合衆国に入国したか、あるいは有効な滞

在資格を持って入国したものの、滞在期限を超えてアメリカ合衆国に居住したり、滞在資格に違反したりして、非合法移民となった。非合法移民の約75パーセントがヒスパニック系、約60パーセントがメキシコからの移民とされる（A nation of immigrants, 2013, January 29; Passel & Cohn, 2009, April 14; Passel & Cohn, 2011, February 1）[5]。

アメリカ合衆国の労働市場における非合法移民の存在感は大きい。2010年の調査によると、アメリカ合衆国で労働する非合法移民の数は約800万人で、これはアメリカ合衆国の全労働者人口の5.2パーセントに当たる（Passel & Cohn, 2011, February 1）。彼らは非熟練労働に従事する傾向が強く、2008年の調査によると、アメリカ合衆国の農場で働く者の25パーセント、建物や庭の保守管理に従事する者の19パーセント、建設現場で働く者の17パーセントが非合法移民だとされる（Passel & Cohn, 2009, April 14）。これらの数字から、非合法移民がアメリカ経済に深く組み込まれた存在であることがわかる。

非合法移民とその子どもに関する統計も無視できない。2009年の報告によると、非合法移民世帯の47パーセントが夫婦とその子どもで構成されている（Passel & Cohn, 2009, April 14）。この割合はアメリカ合衆国生まれの世帯（21パーセント）や合法移民世帯（35パーセント）に比べて高い。これは非合法移民たちの平均年齢が比較的低いことと関係があるとされる。非合法移民の子どもたちのほとんどが出生によってアメリカ国籍を取得している一方で、アメリカ合衆国には18歳以下の非合法移民が約100万人住んでいると推定される（A nation of immigrants, 2013, January 29）。これらの子どもたちの法的権利、教育、就職をめぐって、さまざまな議論が沸き起こっている。また、非合法移民の親のもとにアメリカ合衆国で生まれた約450万人の子どもたちにとっても、非合法移民をめぐる問題は切実である（A nation of immigrants, 2013, January 29）。彼らにとって、移民とは議会やメディアの中で取り上げられる遠くの存在ではなく、自分たちにとって身近な家族を意味する。このように、非合法移民の存在はアメリカ合衆国の家族や社会や教育のあり方に大きな影響を与えている。

3. 移民制度改革をめぐる議論

　建国以来、アメリカ合衆国は絶えず移民を受け入れ続けてきたが、その受け入れ方針は時代とともに変化してきた。移民に関する特別な制約がない状態から、国別に移民受け入れ数の上限が設けられる状態を経て、1965年の「移民国籍法（Immigration and Nationality Act）」成立以降は、出身国に関係なく、家族関係や個人的技能をもとにアメリカ合衆国への入国の可否が決定される制度が採用されている（Benac, 2013, May 4）。ここ数十年間に導入されたもっとも影響力のある移民法は、1986年に共和党大統領ロナルド・レーガンが署名した「移民改革管理法（Immigration Reform and Control Act）」であるとされる。この法律は、非合法移民の雇用を禁止すること、国境管理を厳格化すること、そして当時300万人から500万人存在したと推定される非合法移民の多くを合法化することを目的としていたが、その効果は限定的だった。非合法移民の雇用の禁止と国境管理については、それぞれ有効な手段がなかったため、大きな成果を上げることはできなかった。その結果、非合法移民の数は増加し続けた。その一方で、この法律によって、約300万人の非合法移民たちが合法的な滞在資格を獲得した。そのうちの約40パーセントが2009年までにアメリカ合衆国に帰化したとされる（Benac, 2013, May 4）。その後も数かずの移民法案が提出され、そのうちのいくつかが成立したものの、非合法移民をめぐる問題が根本的に解決されることはなく、現在に至っている。

　このような現状を受けて、移民制度改革をめぐる議論が熱を帯びている。これらの議論は主に4つの問いをめぐって展開されている（Benac, 2013, May 4）。すなわち、非合法移民の雇用をどのように阻止するか。国境管理をどのように厳格化するか。現存する約1,100万人の非合法移民たちの法的立場をどうするか。そして、複雑化した移民制度をどのように改善するか。この4つである。これらの問題意識は、1986年の「移民改革管理法（Immigration Reform and Control Act）」成立当時とほとんど変わらない。アメリカ合衆国の政治家と市民たちは、数十年にわたり、これらの問いをめぐって議論を続けてきた

が、納得のいく答えを見出すことはできていない。オバマはこの状況を打破しようと試みている。

　2013年6月27日、アメリカ合衆国議会上院において、「国境警備、経済機会、および移民流動化法（Border Security, Economic Opportunity, and Immigration Mobilization Act）」が68対32で可決された（Parker & Martin, 2013, June 27）。この包括的移民制度改革法案は、4人の民主党議員と4人の共和党議員で構成される超党派グループ「8人組（Gang of Eight）」によって起草されたもので、そこには経済界、労働組合、農業団体、移民支援団体など幅広い利害関係者の意向が反映されている[6]。この法案が成立すれば、国境管理の厳格化、合法移民の受け入れ拡大、被雇用者の法的資格を雇用主が確認することの義務化が実施されることに加えて、約1,100万人の非合法移民たちに市民権獲得への道が開かれるとされる。この法案が大差で可決されたという事実から、上院議員たちが党派の違いを越えて移民問題の解決に取り組もうとしていることがわかる。大統領オバマもこの法案を支持している。この法案は下院に送られることとなるが、下院で主導権を握る共和党議員たちは非合法移民への市民権付与を中心にこの法案に反対しており、本書執筆の時点において、まだこの法案が成立する見通しは立っていない。

　議員たちと同様に、一般のアメリカ人たちの移民制度改革についての意見も一様ではない。彼らの大多数は移民制度改革を望んでいるものの、その具体的内容については意見が分かれる。2014年の調査によると、国民の70パーセントは一定の条件を満たした非合法移民たちに何らかの合法的滞在資格を与えてもよいと考えているが、彼らに市民権を与えてもよいと考えているのはそのうちの43パーセントに過ぎず、24パーセントは永住権が適当だと考えている（Immigration action, 2014, December 11）。これは非合法移民への市民権付与をめぐる共和党議員たちの拒絶感とある程度呼応している。また、多くの非合法移民を抱えるヒスパニック系アメリカ人とアジア系アメリカ人たちの反応についても、その約半数は非合法移民が市民権を得られることよりも彼らが合法的にアメリカ合衆国に滞在できることのほうを重視しているとされる。国境管理については、ほとんどのアメリカ人たちがその強化を望んでいるが、それ

を非合法移民の合法化の前提条件にするかどうかについては意見が分かれている（'Borders first,' 2013, June 23）。

　このように、移民制度改革をめぐる議論は錯綜している。包括的改革を目指すのか、部分的修正にとどめるのか。非合法移民に市民権と永住権のどちらを与えるのか、その場合の条件はどうするのか。あるいは、彼らを出身国に強制送還するのか。非合法移民の合法化と国境管理の強化のどちらを先行させるのか、あるいは両者を同時に進めるのか。——これらについての合意が得られないまま、何十年もの間、包括的移民制度改革は実行されず、非合法移民をめぐる問題は放置されてきた。

　移民制度改革法成立の目途が立たない中、2012 年 6 月、オバマは一定の条件を満たした非合法移民の若者たちに一時的な合法的滞在許可を与える制度「DACA（Deferred Action for Childhood Arrivals）」を提案し、2 か月後の 8 月、この制度は大統領令によって施行された（Preston, 2012, August 13; Preston, 2012, August 15）。この制度は、子どもの頃に両親に連れられてアメリカ合衆国に入国し、非合法移民となった約 170 万人の若者たちの出身国への強制送還を 2 年間停止すると同時に、彼らに奨学金受給や就労の機会を与えるというものである。この制度は非合法移民の若者たちに一定の希望を与えたものの、あくまで暫定措置に過ぎず、彼らの永住権や市民権の獲得へとつながるものではない。また、この制度に対する批判的意見も少なくない。各州の対応も分かれ、中にはこの制度が適用された者に対しても運転免許証の交付を認めようとしない州もあった（Benac, 2013, May 4; Preston, 2012, August 13; Preston, 2012, August 15）。

　上述したとおり、移民制度改革に向けての政治的動きは混迷を極め、これに対する一般のアメリカ人たちの意見も一つには定まらない。こうした状況の中、オバマは移民についてどのように語ってきたのだろうか。基本的には 2013 年 6 月に可決された上院案のような包括的移民制度改革に意欲を燃やすオバマだが、その政策的立場を彼はどのような言葉で表現してきたのだろうか。

4. アメリカ・ドリーム

　アメリカ合衆国における移民について語る上で欠かせない概念が、アメリカン・ドリームである。コミュニケーション研究者のロバート・C・ロウランド (Robert C. Rowland) とジョン・M・ジョーンズ (John M. Jones) がオバマの2004年民主党全国大会基調演説と2008年「ア・モア・パーフェクト・ユニオン」演説をそれぞれアメリカン・ドリームの観点から考察しているのは、第2章と第4章で紹介したとおりである (Rowland & Jones, 2007, 2011)。ここではその内容を簡単に振り返っておく。ロウランドとジョーンズによれば、アメリカン・ドリームとは普通の人びと (ordinary people) が勤勉と弛まぬ努力とによって偉業 (extra ordinary things) を成し遂げる物語だが、そこには個人と社会という二つの側面が含まれている (Rowland & Jones, 2007)。アメリカン・ドリームの個人的側面においては、自助努力と自己責任が強調される。その一方で、その社会的側面においては、共感と連帯が強調される。アメリカ合衆国の政治的文脈において、概ね前者は保守に対応し、後者はリベラルに対応してきた。ロウランドとジョーンズによれば、オバマは一連の演説において、その個人的側面と社会的側面の均衡がとれたアメリカン・ドリームの物語を語り、この強力な物語を保守派から取り戻そうとしている (Rowland & Jones, 2007, 2011)。これがロウランドとジョーンズによる分析だった。

　アメリカン・ドリームと政治との関わりについては、ロウランドとジョーンズによる論考に加えて、ウォルター・フィッシャーが1973年に公刊した古典的論考も示唆に富む (Fisher, 1973)。ベトナム戦争の最中、共和党の現職大統領リチャード・ニクソンとそれに対抗する民主党のジョージ・マクガヴァンとの間で戦われた1972年アメリカ合衆国大統領選を題材にしつつ、フィッシャーはアメリカン・ドリームを物質性 (materiality) と道徳性 (morality) の神話として理解した。一方において、アメリカン・ドリームとは「無一文から大金持ちに (rugs-to-riches)」に代表される個人の物質的成功の神話である。しかし他方において、この物語は同じ政治的共同体に属する者同士の平

等と連帯を志向する道徳性の神話としての側面を持つ。1972年の大統領選において、ニクソンは物質的神話を体現し、マクガヴァンは道徳的神話を体現したとフィッシャーは述べる。その上で、両者がそれぞれの体現する神話を肯定することよりも、相手が体現する神話を否定することに力を注いだという点にフィッシャーは危機感を抱く。フィッシャーによれば、物質性の神話と道徳性の神話は互いに作用しあいながらアメリカン・ドリームの物語に息を吹き込み、それによってアメリカ合衆国という国のアイデンティティーが保たれる。その均衡が1972年の大統領選においては崩されたとフィッシャーは見る（Fisher, 1973）。

フィッシャーがアメリカン・ドリームのうちに見出した物質性と道徳性の二側面は、ロウランドとジョーンズが論じたアメリカン・ドリームの個人的側面と社会的側面に概ね対応している。個人の物質的成功の物語としてのアメリカン・ドリームがアメリカ合衆国という国を強く方向づけてきたことは間違いない。また、この物語がアメリカ合衆国への絶え間ない移民の流入をもたらしてきたのも事実である（Nomai & Dionisopoulos, 2002; Sowards & Pineda, 2013）。しかし、個人の物質的成功が「アメリカの夢」のすべてではない。エイブラハム・リンカーンやマーティン・ルーサー・キング・ジュニアが語ったアメリカン・ドリームの物語は、その道徳性と社会性において際立っていた（Fisher, 1973; Rowland & Jones, 2011）。オバマの語るアメリカン・ドリームの物語は、その流れを汲んでいる。

5. 演　　説

オバマはこれまでに何度か移民制度改革についての演説を行ってきた。代表的なものとしては、2010年7月1日のアメリカン大学（American University）における演説、2011年5月10日のテキサス州エルパソにおける演説、2013年1月29日のネバダ州ラスベガスにおける演説、そして2013年11月25日のカリフォルニア州サンフランシスコにおける演説が挙げられる。これらの演説は、その長さ、会場、聴衆、時期において異なるものの、共通の

主題を持っている。本章においては、これらの中から特に 2011 年 5 月 10 日のテキサス州エルパソにおける演説を取り上げ、これを吟味する。

　エルパソはアメリカ合衆国とメキシコの国境に位置する町である。合法か非合法かを問わず、多くの移民たちがメキシコからアメリカ合衆国へと流れ込んでいることから、エルパソにはアメリカ合衆国の移民をめぐる現実が集約されていると言える。この国境の町で、オバマは自分の移民制度改革の概要とその実現に向けての意気込みを一般聴衆に向けてわかりやすく語った。この演説はオバマがこれまでに行ってきた移民についての演説の典型を成していることから、本章ではこれを主な考察の対象とする。

(1) 移民の国

　2011 年 5 月 10 日、初夏の太陽が強く照りつけるテキサス州エルパソでオバマは移民制度改革について語り始める。2009 年 1 月の大統領就任から 2 年余り経ち、第一期政権が 3 年目に入った頃のことである。一期目の大きな政策課題であった医療保険制度改革は、2010 年 3 月の「患者保護および医療費負担適正化法 (Patient Protection and Affordable Care Act: PPACA)」およびその修正法の成立によって一つの区切りを迎えていた。その一方で、2012 年の大統領選は本格化するには至っていなかった。オバマは暑さと紫外線にさらされる聴衆に気遣いつつ、演説を始めた。

　オバマはまず、演説の一週間前、フロリダ州マイアミにあるマイアミ・デイド・コミュニティー・カレッジ (Miami Dade Community College) の卒業式に参加し、演説したときのことを回想する。そのコミュニティー・カレッジは全米でもっとも多様性に富む学校の一つとされ、その卒業生たちは世界 181 か国との文化的つながりを持っていた。彼らの多くは幼少の頃、親に連れられてアメリカ合衆国へと移住した。そのうちの何人かは、思春期あるいは成人してから、自分が非合法移民であることを知った。それでも彼らは努力を続け、卒業証書を手にするに至った。

　オバマは続ける。ハイチの旗が掲げられたとき、ハイチ系アメリカ人たちが叫び声を上げた。グアテマラの旗が掲げられたとき、グアテマラ系アメリ

カ人たちが叫び声を上げた。そして、最後にアメリカ合衆国の旗が掲げられたとき、会場にいたすべての人びとが歓喜の声を上げた。この光景はアメリカ合衆国を支える一つの理念を象徴しているとオバマは言う。それは「E pluribus unum. Out of Many, one.」、すなわち「多にして一つ」という理念である（Obama, 2011, May 10）。

　オバマはアメリカ合衆国が移民の国であることを再確認する。そして、この国がアメリカ的価値を信じるすべての者たちを受け入れてきた歴史を持つと強調する。カリフォルニア州のエンジェル・アイランドに到着したアジア系移民たち。中西部に住み着いたドイツ系およびスカンジナビア系移民たち。そして、自由の女神をいち早く目にしようと船の手すりにもたれ掛かったアイルランド系、イタリア系、ポーランド系、ロシア系、ユダヤ系の移民たち。——これらの移民たちは危険を顧みず、平和と繁栄を求めてアメリカ合衆国へと海を渡った。やがて、彼らはアメリカ合衆国に定住し、子や孫を生み育て、アメリカ合衆国という国を作ってきた。こうして、移民の存在が「多にして一つ」というアメリカ合衆国の理念を体現していることをオバマは確認する。注目すべきは、ここでオバマが移民と言うとき、彼らが合法であるか非合法であるかを問題にしていないということである。

　続いてオバマは、アメリカ合衆国という国に対する移民たちの貢献を述べていく。ここではドイツ生まれの物理学者アルベルト・アインシュタイン、中国生まれの建築家イオ・ミン・ペイ、ロシア生まれの作家アイザック・アシモフ、スコットランド生まれの実業家アンドリュー・カーネギーなどの著名な移民たちの活躍が紹介されるが、それに加えてオバマは「普通の人びと」の貢献にも触れる（Rowland & Jones, 2007, 2011）。パプアニューギニア出身の男性海兵隊員グレインジャー・マイケル（Granger Michael）とメキシコ出身の女性海軍兵パーラ・ラモス（Perla Ramos）である。これらの移民たちは、アメリカ市民ではないにもかかわらず米軍に加わり、その功績を認められてアメリカ合衆国の市民権を得た。オバマはこれらの人びとについて語ることで、アメリカ合衆国が移民たちの働きによって支えられてきたこと、そしてアメリカ合衆国を支える者であれば誰でもアメリカ人になれるということを強調する。

That's the promise of this country --- that anyone can write the next chapter in our story. It doesn't matter where you come from; it doesn't matter ---(applause)--- it doesn't matter where you come from; it doesn't matter what you look like; it doesn't matter what faith you worship. What matters is that you believe in the ideals on which we were founded; that you believe that all of us are created equal, endowed by our Creator with certain inalienable rights. All of us deserve our freedoms and our pursuit of happiness. In embracing America, you can become American. That is what makes this country great. That enriches all of us.（Obama, 2011, May 10）

それがこの国の約束だ。――誰もが私たちの物語の次の章を書くことができる。あなたがどこから来たかは問題ではない。――（拍手）――あなたがどこから来たかは問題ではない。あなたがどのような外見かは問題ではない。あなたが何を信仰するかは問題ではない。問題なのは、私たちの建国の理念をあなたが信じているかどうかだ。私たちは皆、生まれながらにして平等であり、創造主によって不可侵の権利を与えられているということをあなたが信じているかどうかだ。私たちは皆、自由であることができるし、幸福を追求することができる。寛容なアメリカにおいて、あなたはアメリカ人になることができる。それがこの国を偉大にする。それが私たちすべてを豊かにする。

上の一節には、オバマの移民についての基本的立場が要約されている。アメリカ合衆国においては、生まれや人種や宗教にかかわらず、どこの誰であれ、自由を享受し、幸福を追求することができる。そして、この原則は世界中の人びとに適用される。アメリカ的価値観を信じ、それに同一化しようとする者は誰でも、アメリカ合衆国に移住し、アメリカ人になることができる。移民の国であるアメリカ合衆国は、それを拒めない。こうしてオバマは移民制度について語る上での基調を設定していく。

（2） 非合法移民と移民起業家

　移民の国としてアメリカ合衆国を語るオバマは、同時にアメリカ合衆国が法の国であることを確認する。移民をめぐる議論は法をめぐる議論と対を成してきた。法は誰がアメリカ人であり、誰がアメリカ人でないかを定めてきた。そ

して、アメリカ人とそれ以外とを隔てる境界線は、時代とともに、世論とともに、そしてアメリカ合衆国の経済状況とともに、揺れ動いてきた。アメリカ人であるとは何を意味するのか。──この問いをめぐる議論は、アメリカ合衆国に住む人びとの文化的記憶を呼び覚まし、彼らの感情を揺り動かす。こうして移民制度改革は放置され、その結果、アメリカ合衆国は約1,100万人の非合法移民を抱えるに至った。オバマはこれらの非合法移民について語る。

　非合法移民のほとんどは、家族を養うべく、真面目に働いていると述べるオバマだが、その一方でオバマはこれらの移民たちが法を遵守していないことを問題視する。非合法移民の存在を許せば、合法的にアメリカ合衆国に移住しようとしている者たちが憂き目を見る。また、非合法移民の存在が不法なビジネスを誘発するという問題もある。非合法移民を最低賃金以下で雇用し、安全や健康に関する法規に従わず、納税を逃れる企業は、法に則って倫理的に活動する企業に不利益を与える。こうした地下経済の存在は、非合法移民たちと中産階級に属するアメリカ人たちの両者をともに苦しめる。こうしてオバマは経済的観点から移民制度改革が避けられないことを説いていく。

　非合法移民の存在がアメリカ経済に与える不利益について語ったオバマは、続いて合法的な移民の受け入れ拡大がアメリカ経済に与える恩恵について語る。アメリカ合衆国の一流大学では、世界中から集まった優秀な学生たちが学んでいる。彼らは将来、アメリカ合衆国に新しい産業をもたらす可能性を秘めているが、現行の移民法のもとでは、彼らがアメリカ合衆国で起業することは難しい。その結果、彼らは中国やインドなどの出身国に戻り、それぞれの国の産業発展に貢献することになる。オバマは移民制度改革によって、これらの優秀な学生たちをアメリカ合衆国に繋ぎ止めようと呼びかける。インテル、グーグル、ヤフー、eBayなどの世界的IT企業が移民によって創業されたという事実を具体的に挙げつつ、優秀な移民を受け入れ続けることがアメリカ合衆国に持続的な経済成長をもたらすことをオバマは強調する。

（3）国境管理

　主に経済的な観点から、非合法移民の数を減らし、優秀な移民起業家の数を増やすことの重要性を説いたオバマは、次に移民制度改革の前提となる国境管理の問題に話題を移す。移民制度改革に反対する政治家や一般市民の多くが懸念するのは、移民の受け入れによってアメリカ社会の平穏が脅かされるのではないかということである。したがって、オバマの移民制度改革はアメリカ合衆国に平和と繁栄をもたらす移民たちを受け入れ、それらを脅かす移民たちは受け入れないという厳格な国境管理体制を伴わなければいけない。連邦議会においては「国境管理を優先させよ（Borders first）」との掛け声によって、移民制度改革をめぐる議論が停滞してきたという経緯がある（Obama, 2011, May 10）。オバマはこれを踏まえつつ、自分の政権が国境管理の厳格化に取り組み、成果を上げてきたことを強調する。

　オバマは演説会場に居合わせた国土安全保障省長官ジャネット・ナポリターノ（Janet Napolitano）と同省税関・国境警備局長官アラン・バーシン（Alan Bersin）の労をねぎらいつつ、国境管理における自分の政権の取り組みを列挙していく。まずオバマ政権はブッシュ政権による国境警備員増員の試みをさらに推し進め、演説当時、2万人の警備員を国境に配置するに至った。この数は史上最大である。またオバマ政権は、国境に沿ったフェンスの設置、国境警備に従事する情報分析官の増員、無人航空機による国境上空の巡視、そして国際犯罪組織に対抗するためのメキシコ政府との協力体制の構築などにも着手した。さらに、史上初めてメキシコへの鉄道貨物の総点検を実施し、メキシコへと向かう銃と貨幣を差し押さえると同時に、アメリカ合衆国へと向かう薬物を取り締まった。

　共和党議員の一部を中心にさらに厳格な国境管理を求める声があるのを踏まえつつ、オバマは上述の試みが功を奏していることを述べていく。演説に先立つ二年半の間に、アメリカ政府が押収した薬物の量は31パーセント、貨幣の量は75パーセント、武器の量は64パーセント増加した。その一方で、国境における逮捕件数は二年前に比べて40パーセント近く減少した。これは不法入国を企てる者の数が減ったことを意味する。また、アメリカ合衆国南西部

の国境地帯における凶悪犯罪は減少し、エルパソは全米でもっとも安全な街の一つに数えられるに至った。オバマは自分たちの試みが善良な非合法移民よりも凶悪犯罪者に焦点を当てていること、そしてそれらの犯罪者の国外追放に成功していることを強調する。

このようにオバマは自分の政策が厳格な国境管理や法による統治を軽視するものではないことを説明していく。その上で、現行の移民法が凶悪犯罪者のみならず、善良な移民や優秀な留学生をもアメリカ合衆国から排除してしまうという点を問題視する。つまり、オバマによれば、現行の移民法は「アメリカ人になるべき移民」と「アメリカ人になるべきではない移民」をうまく区別できていないということになる。こうしてオバマは合法と非合法の定義の刷新を視野に入れた包括的移民制度改革の必要性を説くに至る。

（4）移民制度改革に向けての連帯

アメリカ合衆国の議員たちの中には、国境管理の強化を移民制度改革の前提条件とし、改革をめぐる議論から距離をとる者たちがいた。オバマ政権が国境管理において一定の成果を収めた今、これらの議員たちが政策討議に戻ってくるかどうかが問われているとオバマは述べる。そして、オバマはこれらの議員たちとの間に共通点（common ground）を見出し、議論を進めることは可能だと訴える（Obama, 2011, May 10）。その根拠として、オバマは移民制度改革に向けての幅広い連帯の動きに言及する。

オバマによれば、全米各地でさまざまな分野の指導者たちが移民制度改革に向けての協働を始めている。その中には、元共和党上院議員メル・マルティネス（Mel Martinez）、ブッシュ政権時代の国土安全保障省長官マイケル・チャートフ（Michael Chertoff）、ニューヨーク市長マイケル・ブルームバーグ（Michael Bloomberg）、キリスト教福音派牧師ライス・アンダーソン（Leith Anderson）とビル・ハイベルズ（Bill Hybels）、そして全米各地の警察署長、教育者、移民支援活動家、労働組合員、商工会議所員、中小企業経営者、大企業の最高経営責任者などが含まれる。

ここでオバマは保守系メディアとして知られるFOXニュースを所有するル

パート・マードック（Rupert Murdoch）の発言を紹介する。オバマによれば、彼自身移民であるマードックは、移民の存在こそがアメリカ合衆国をビジネス、科学、高等教育、技術革新における世界のリーダーたらしめていると語ったという。このマードックの発言は、通常オバマに敵対すると思われている人物でさえも、移民制度改革の必要性に関してはオバマに賛同できるということを示している。アメリカ合衆国議会の外では、移民制度の再構築に向けて、幅広い分野にまたがる合意が形成されつつある。この動きに倣い、議会も移民制度改革についての合意形成を進めるようオバマは要求する。

（5）　オバマの提案

　ここでオバマは、法によって統治された移民の国アメリカにふさわしい移民制度の骨格を提案していく。第一に、国境を厳しく管理し、不法入国を許さないこと。第二に、非合法移民の雇用を許さないこと。第三に、非合法移民たちは法に反した行為の責任を取ること。すなわち、税金と罰金を払うこと。そして、英語を身に付け、然るべき手続きを経た上で、合法的滞在の機会を与えられること。最後に、合法的な移民制度の刷新を図ること。ここでは、優秀な外国人留学生たちを引き留め、アメリカ合衆国の経済成長に貢献してもらうことが意図されている。オバマはアメリカ合衆国のハイテク業界における新設企業の25パーセントが移民によって創業され、それが20万人の雇用を生み出しているという事実に触れ、優秀な移民たちの受け入れ拡大を訴える。

　これらの提案はアメリカ合衆国の移民制度をめぐる積年の課題と世論の動向を踏まえた一般的なものだが、これらに加えてオバマは非合法移民についての踏み込んだ意見を述べる。オバマはまず、アメリカ合衆国の農業に欠かせない労働力となった非合法移民たちをアメリカ合衆国に引き留め、彼らを合法的に雇用できる仕組みを構築すべきだと訴える。また、オバマは移民たちが離れ離れになった家族をアメリカ合衆国へと呼び寄せる手続きの迅速化を求める。しかし、ここでもっとも注目すべきは、オバマが幼少期に親に連れられてアメリカ合衆国に入国し、非合法移民となった若者たちに合法的滞在への道を開くことを強く訴えていることだろう。オバマによれば、これらの若者たちに

罪はなく、彼らは彼らの親たちが犯した過ちの責任をとらされている。こうしてオバマはこれらの若者たちに一時的な滞在許可とともに教育と就労の機会を与え、さらには永住権獲得の機会を与える法案「ドリーム・アクト（DREAM Act）」への支持を呼びかける[7]。「ドリーム・アクト」は2001年以降、たびたび議会に提出されるものの、廃案となってきたという経緯を持つ。その経緯を踏まえた上で、オバマは続ける。

> That was a tremendous disappointment to get so close and then see politics get in the way. And as I gave that commencement at Miami Dade, it broke my heart knowing that a number of those promising, bright students --- young people who worked so hard and who speak about what's best in America --- are at risk of facing the agony of deportation. These are kids who grew up in this country. They love this country. They know no other place to call home. The idea that we'd punish them is cruel. It makes no sense. We're a better nation than that. (Obama, 2011, May 10)

> 成立直前まで行ったのにもかかわらず、政治によって行く手を阻まれるというのは、非常に残念なことだった。マイアミ・デイドの卒業式で述べたとおり、将来有望で聡明な学生たちが強制送還という苦しみに直面する危険性を抱えていると思うと、私の心は打ち砕かれる。彼らは非常に勤勉で、アメリカの最良の部分を語る若者たちだ。彼らはこの国で育った子どもたちだ。彼らはこの国を愛している。彼らは他に故郷と呼べる場所を知らない。彼らを罰するという発想は残酷だ。理にかなわない。私たちはそれよりもましな国民のはずだ。

このオバマの呼びかけにもかかわらず、「ドリーム・アクト」は成立に至っていない。これを受けて、オバマが2012年、「DACA（Deferred Action for Childhood Arrivals）」を大統領令によって施行したのは先に述べたとおりである（Preston, 2012, August 13; Preston, 2012, August 15）。

（6）普通の人びとによる偉業

ドリーム・アクトの成立と包括的な移民制度改革を求めるオバマは、これらの変革が自分一人の力では成し得ないことを強調する。オバマはまず自分たち

がホワイトハウスにおいて移民制度に関する話し合いを始めていることを紹介する。また、全米各地の指導者たちがこの件について議論を重ねていることを再確認する。その上で、オバマは移民制度改革が最終的にはアメリカ合衆国の市民たちによって担われなければならないと述べ、聴衆に協力を求める。具体的には、移民制度改革をめぐる議論に参加し、包括的改革の必要性を訴える世論を巻き起こし、議会に圧力をかけることをオバマは聴衆に求めていく。これらの言葉は、ワシントンの政治家たちの手から民衆による政治を取り戻そうと呼びかけた2008年大統領選における一連の演説を彷彿とさせる（花木, 2010, 2014a; Dilliplane, 2012; Frank, 2009; Rowland & Jones, 2011; Terrill, 2009）。

最後にオバマは聴衆の一人であるホゼ・ヘルナンデス（José Hernández）の半生を紹介して、演説を締めくくる。ホゼの両親はカリフォルニアとメキシコの間を行き来する季節労働者だった。ホゼはメキシコで生まれていても不思議ではなかったが、たまたまアメリカ合衆国で生まれた。ホゼは両親とともに農場でキュウリやイチゴを収穫した。メキシコにいる間、ホゼはアメリカ合衆国の学校を休んだ。ホゼは12歳になるまで英語を学ばなかったが、数学が得意だった。数学はアメリカ合衆国でもメキシコでも、英語でもスペイン語でも、同じだった。ホゼは一生懸命勉強した。

ある日、ホゼが農場でテンサイを収穫していると、トランジスター・ラジオから放送が聴こえてきた。フランクリン・チャン＝ディアス（Franklin Chang-Diaz）がNASAの宇宙飛行士になるという。コスタリカ生まれのチャン＝ディアスは、ホゼと似たような姓を持っていた。ホゼはそのとき、自分も宇宙飛行士になろうと決心した。

ホゼは勉強を続け、高校を卒業した。彼はさらに勉強を続け、工学の学士号と修士号を取得した。やがてホゼは国立研究所で医療用デジタル画像処理技術の開発に携わるようになった。数年後、ホゼはスペースシャトル・ディスカバリーの窓から地球を眺めていた。オバマは言う。

> Think about that, El Paso. That's the American Dream right there. That's what we're fighting for. We are fighting for every boy and

every girl like José with a dream and potential that's just waiting to be tapped. We are fighting to unlock that promise, and all that holds not just for their futures, but for America's future. That's why we're going to get this done. And that's why I'm going to need your help. (Obama, 2011, May 10)

考えてみてくれ、エルパソの人びとよ。これはアメリカン・ドリームそのものだ。私たちはこのために戦っている。私たちはホゼに似たすべての少年たちと少女たちのために戦っている。彼らは夢と潜在力を持っている。あとはそれらを引き出すだけだ。私たちはその可能性を解き放つために戦っている。彼らの未来だけでなく、アメリカの未来を左右するすべてのことのために戦っている。私たちがこの仕事を成し遂げる理由はそれだ。私があなたたちの助けを必要とする理由はそれだ。

ロウランドとジョーンズが主張するように、普通の人びとが勤勉と弛まぬ努力とによって偉業を成し遂げる物語のことをアメリカン・ドリームと呼ぶのなら、ホゼ・ヘルナンデスの半生はアメリカン・ドリームを体現していると言えるだろう（Rowland & Jones, 2007, 2011）。オバマはこの強力な物語を持ち出すことで、自分の移民制度改革に対する聴衆の支持を取り付けようとする。聴衆にとって、移民制度改革を支持するということは、ホゼ・ヘルナンデスの半生を支持するということ、そして彼と似たような人生を歩む可能性を持つ移民たちを支持するということを意味する。移民制度改革という偉業の実現に向けてオバマとともに闘うことによって、聴衆はアメリカン・ドリームの一部となることができる。こうしてオバマは包括的移民制度改革の実現に向けて、さらには自らが信じる理想のアメリカ合衆国の実現に向けて、聴衆の協力を求めていく。

6. 考察とまとめ

　本章では、オバマが 2011 年 5 月 10 日にテキサス州エルパソにおいて行った演説の内容を吟味した。この演説において、オバマはまずアメリカ合衆国が移民の国であることを確認する。建国以来、アメリカ合衆国は絶え間なく移民を受け入れてきた。その結果、現代に生きるアメリカ人たちのほとんどは、移民か移民の子孫である。この事実を踏まえつつ、移民の受け入れはアメリカ合衆国にとって自然なことだとオバマは訴える。移民の国アメリカには、移民の受け入れを拒むことはできない。これがオバマの演説の基調である。

　続いてオバマは、歴史や伝統のみならず、経済的観点からも移民の受け入れが不可避であることを説いていく。ここでは全米の農場や建設現場で非熟練労働に従事する移民たち、そしてアメリカ合衆国の IT 産業を牽引する移民起業家たちについて語られる。オバマによれば、これらの移民たちはアメリカ経済に深く関わり、その持続的成長に貢献している。しかし、現行の移民法は彼らを非合法の立場に追い込んだり、彼らのアメリカ合衆国永住やそこでの起業を奨励しなかったりする。アメリカ合衆国に留まるにふさわしいこれらの移民たちを国外へと追い出す現行の移民法は、オバマの目には不合理に映る。こうして、オバマは包括的移民制度改革を要求するに至る。

　とは言え、オバマはすべての移民たちを無条件に受け入れるべきだと主張しているわけではない。オバマはアメリカ人になるべき移民とそうでない移民とを峻別することが重要だと考えている。その証拠として、オバマは自分の政権が従来の政権よりも国境管理の強化において成果を上げてきたという事実を強調する。そして、政府は悪事を働く移民たちの排除にこそ力を注ぐべきであり、善良な非合法移民については合法化への道を示すべきだと訴える。

　オバマは包括的移民制度改革法案を審議し、可決することを連邦議会に求めていくが、その際に言及するのが、異なる政治的立場に立つ幅広い分野の人びとが改革の必要性について合意しているという事実である。ここでオバマは共和党員を中心とした一部の政治家たちが民衆の真に求める改革を妨害してい

るという構図を描き出し、自らを民衆による政治の代弁者として位置づけていく。これはオバマの演説全般に広く見られる特徴でもある。

　オバマが提示する移民制度改革案は、この問題をめぐるアメリカ合衆国の積年の議論を踏まえた一般的なものである。それは、国境管理の強化、法の厳格な適用、非合法移民の合法化、合法的な移民の受け入れ拡大に集約される。これらの改革の必要性についてはほとんど異論が出ていない一方で、これらを具体的にどう実行するのかについては激しい論争が繰り広げられている。これらの改革のどれを実行するにしても、「誰を受け入れ、誰を受け入れないのか」、また受け入れる場合には、「どのような形で、どれぐらい受け入れるのか」という問いに突き当たる。そして、これらの問いに対して誰もが納得するような一つの答えを導き出すことは難しい。エルパソにおける演説では、オバマはこの問いに対してあまり踏み込んだ発言はしていない。しかし、より最近の演説では、善良な非合法移民たち、特に幼少期に親に連れられてアメリカ合衆国に入国し、非合法移民になった若者たちに対しては、市民権獲得の機会を与えるべきだと発言している（Obama, 2013, January 29）。そして、このことが一部の政治家や市民たちの反発を引き起こしている。

　オバマは自分の演説を特定のアメリカ人の物語で締めくくることが多い。エルパソにおける演説では、それはカリフォルニアの農場で働く季節労働者からNASAの宇宙飛行士になったホゼ・ヘルナンデスの物語だった[8]。この物語を持ち出すことで、オバマは移民制度改革をアメリカン・ドリームの物語へと結びつける。アメリカン・ドリームの物語は、アメリカ合衆国をすべての者に等しく成功の機会を与える国として描き出す。そこでは真面目に努力すれば、誰もが成功と繁栄を手にすることができる。ここでオバマが示唆しているのは、現実のアメリカ合衆国がアメリカン・ドリームに反しているという事実である。現行の移民法は、一部の移民たちから成功の機会を奪っている。したがって、オバマの語るアメリカン・ドリームを支持する者は、彼の唱える包括的移民制度改革を支持しなければいけないということになる。

　オバマはその演説において、個人的側面と社会的側面の均衡がとれたアメリカン・ドリームを語っているとされる（Rowland & Jones, 2007, 2011）。そ

れは移民制度改革についての彼の演説にも当てはまるだろう。アメリカン・ドリームを信じる者であってもオバマの移民制度改革に反対することはできる。アメリカン・ドリームの物語は真面目に努力する者たちに成功の機会を与えよと呼びかける。しかし、非合法移民たちが本当に真面目に努力しているのかどうかという点については、意見が分かれている。どういう理由であれ、法に反してアメリカ合衆国に滞在している者に対してアメリカ市民になる機会を与えるというのは、法を遵守し、真面目に努力している合法移民たちに対して公平ではないという議論には一理ある。ここでは非合法移民たちの努力の誠実さが問われている。その努力に不誠実な点があるとすれば、非合法移民たちに成功の機会を与えるということがアメリカン・ドリームの物語に反するということになる。

　アメリカン・ドリームはアメリカ合衆国という国のアイデンティティーを支える強力な物語だとフィッシャーは言う（Fisher, 1973）。そうであるならば、オバマの移民制度改革を支持する者も、それに反対する者も、それぞれのアメリカン・ドリームを信じているということになる。非合法移民たちが勤勉と弛まぬ努力とによって偉業を成し遂げようとしていると捉える者は、オバマの語るアメリカン・ドリームを支持することになる。その一方で、非合法移民たちの勤勉と努力の質に疑問符を付す者は、別のアメリカン・ドリームを支持し、オバマを退けることになる。

　オバマは互いの「共通点（common ground）」を見出し、包括的移民制度改革という「共通の目的（common purpose）」に向けて共に歩もうと聴衆に呼びかける（Obama, 2011, May 10; Obama, 2013, January 29）。彼自身は保守かリベラルかの二項対立に捕らわれない普遍的なアメリカン・ドリームを語ろうと意図しているのかもしれない。しかし、オバマが非合法移民たちへの共感と社会的連帯を前提としたリベラルなアメリカン・ドリームを語っていると受け止める聴衆もいる。彼らはオバマの語るアメリカン・ドリームに非アメリカ的な響きを感じ取り、もっと違った形のアメリカン・ドリーム——たとえば、もっと個人的で物質的なアメリカン・ドリーム——を支持するかもしれない。これらの聴衆をオバマはどのように説得するだろうか。

誰がアメリカ人にふさわしく、誰がふさわしくないかという問いについて、一つの究極的な答えを出すことはおそらくできない。したがって、これは政治的な語りの問題となる。この重要な問いに対して、オバマはどのように答えるだろうか。オバマは今後、移民についてどのように語っていくだろうか。

注
1) ここでいう移民とは、アメリカ人ではない両親のもとに外国で生まれ、アメリカ合衆国に住んでいる者のことを指す。
2) 1965年に成立した「移民国籍法 (Immigration and Nationality Act)」は出身国別の移民受け入れ数の割り当てを廃止した。
3) 法的資格を持たずにアメリカ合衆国に滞在している移民は、英語では「illegal immigrant」、「undocumented immigrant」、「unauthorized immigrant」などと呼ばれる。それぞれの言葉には固有の政治文化的含みがあり、公正な言葉の使用をめぐる議論を巻き起こしている。本章では、アメリカ合衆国の学術文献で標準的に使用されている「unauthorized immigrant」に近い語感を持つ日本語として、「非合法移民」を使う。
4) 合法移民には、帰化市民 (naturalized citizen)、永住者 (legal permanent resident alien)、期限付き合法滞在者 (legal temporary migrant) が含まれる (Passel & Cohn, 2011, February 1)。
5) 2009年の報告によると、非合法移民の出身地は59パーセントがメキシコ、11パーセントがアジア、11パーセントが中央アメリカ、7パーセントが南アメリカ、4パーセントがカリブ地域、そして2パーセント以下が中東とされる (Passel & Cohn, 2009, April 14)。
6) 「8人組 (Gang of Eight)」に含まれるのは、マイケル・ベネット (Michael Bennet、民主党、コロラド州選出)、ディック・ダービン (Dick Durbin、民主党、イリノイ州選出)、ジェフ・フレイク (Jeff Flake、共和党、アリゾナ州選出)、リンゼイ・グラハム (Lindsey Graham、共和党、サウスキャロライナ州選出)、ジョン・マケイン (John McCain、共和党、アリゾナ州選出)、ロバート・メンデス (Robert Menendez、民主党、ニュージャージー州選出)、マルコ・ルビオ (Marco Rubio、共和党、フロリダ州選出)、そしてチャールズ・シューマー (Charles Schumer、民主党、ニューヨーク州選出) の8人である。
7) 「DREAM Act」のDREAMは、Development, Relief, and Education for Alien Minorsの略。
8) ホゼ・ヘルナンデスは外国生まれではなくアメリカ合衆国生まれなので、厳密には移民とは呼べないかもしれないが、彼が移民たちと共通する文化的背景を持っていることは否定できない。

第7章

銃

1. はじめに──サンディー・フック小学校銃乱射事件

 2012年12月14日金曜日、午前9時30分頃、コネティカット州ニュータウンにあるサンディー・フック小学校（Sandy Hook Elementary School）に男が銃を持って現れた。男は玄関横のガラスパネルをライフルで粉砕し、小学校に侵入した後、校内を歩き回り、銃を乱射した。この銃撃によって、一年生20人と教職員6人が命を落とした。5分ほど銃を乱射した後、男は拳銃で自らの命を絶った。(Barron, 2012, December 14; Berger & Santora, 2013, November 25; Flegenheimer, 2013, December 27)。
 この事件の死者数は、2007年のバージニア工科大学銃乱射事件に次いで、アメリカ史上二番目に多い。さらに、今回の被害者の多くは6歳から7歳の子どもたちだった。この事実がアメリカ合衆国全土に大きな衝撃を与え、銃規制をめぐる議論を再燃させた（Glaberson, 2012, December 14; Landler & Goode, 2012, December 14）。容疑者は5分ほどの間に154発の銃弾をライフルから発射したとされる（Berger & Santora, 2013, November 25）。このような銃を簡単に手にすることができるという現状に対して、疑問を投げかける声が出た。また、容疑者は一日中、自室に籠って、残酷なビデオゲームに興じていたとされる。これを受けて、ビデオゲームと凶悪犯罪の因果関係を疑う声も聞かれた。さらに容疑者に「アスペルガー症候群」の傾向があったことから、精神衛生分野における改革の必要性が指摘された（Barron, 2012, December 14; Berger & Santora, 2013, November 25; Flegenheimer, 2013, December 27; Glaberson, 2012, December 14; Landler & Goode, 2012,

December 14)¹⁾。

　銃規制をめぐる議論はアメリカ合衆国において長い歴史を持っている（Cook & Goss, 2014; Spitzer, 2011）。今回のような大規模な銃乱射事件に加えて、アメリカ合衆国では日常的に銃による殺人事件が発生している。今日に至るまで、数えきれないほどのアメリカ人たちが銃によって命を落としてきた。このような現状を受けて、銃規制を強化すべきだと主張する人びとがいる一方で、銃を持つ権利を守ろうとする人びともいる。狩猟やスポーツや自衛のために合法的に銃を所有し、安全にそれを使っている者たちにとっては、銃それ自体が悪ではなく、銃を悪用することが悪だということになる。彼らは銃が犯罪や自然の脅威や政府による独裁からその身を守ってくれるということ、そして独立した個人には銃を持つ権利があるということを信じている。事実、銃を持つ権利はアメリカ合衆国憲法修正第二条によって保障されている（Cook & Goss, 2014; Spitzer, 2011）。

　大統領バラク・オバマは、サンディー・フック小学校銃乱射事件が発生するまで、銃をめぐる問題に積極的に取り組んでこなかった（Landler & Baker, 2012, December 16）。オバマが大統領に就任する前から、アメリカ合衆国ではいくつかの大きな銃撃事件が発生していた。1999年、コロラド州コロンバインのコロンバイン高校で、同校に通う二人の生徒が銃を乱射し、12人の生徒と一人の教師を射殺した後、自殺した（Lamb, 2008, April 17）。2007年、バージニア州ブラックスバーグのバージニア工科大学で、同大に通う学生が銃を乱射し、27人の学生と5人の教員を射殺した後、自殺した（Somaiya, 2013, October 31）。オバマの大統領就任後にも、複数の大規模な銃撃事件が起きている。2011年、アリゾナ州トゥーソンで開催されていた民主党下院議員ガブリエル・ギフォーズ（Gabrielle Giffords）の政治集会で、男が6人を射殺し、ギフォーズら13人を負傷させた（Gassen & Williams, 2013, March 27）。2012年、コロラド州オーロラの映画館で男が銃を乱射し、12人を射殺、多数を負傷させた（Frosch & Johnson, 2012, July 20）。同じく2012年、ウィスコンシン州オーク・クリークのシーク教寺院で、男が6人を射殺、数人を負傷させた後、自殺した（Goode & Kovaleski, 2012, August 6）。これらの事件

が発生する度に銃規制を求める声が大きくなったが、オバマがそれを自分の政権が取り組むべき最重要課題として位置づけることはなかった（Landler & Baker, 2012, December 16）。

　そのオバマがサンディー・フック小学校銃乱射事件を機に、銃規制改革に本腰を入れて取り組むことを決めた。事件当日午後の大統領声明において銃規制に真剣に取り組む意志を示したオバマは、その後の数か月間、いくつかの演説において銃規制の強化を訴える。しかし、その訴えも虚しく、オバマが後押しする銃規制法案は 2013 年 4 月 17 日に上院で否決される（Weisman, 2013, April 17）。そして、これ以後、オバマは銃規制について多くを語らなくなる。

　サンディー・フック小学校銃乱射事件後の数か月間に、オバマは銃規制についてどのように語ったのだろうか。オバマの訴えは、なぜ銃規制法案の成立につながらなかったのだろうか。本章では、これらの問いに対する一つの応答を試みる。

2. 銃規制をめぐる議論

　アメリカ合衆国においては、その歴史を通じて、銃規制をめぐる議論が繰り返されてきた。その議論は、銃による犯罪を減らすために政府による銃の規制を推進する立場と、個人が銃を持つ権利を擁護する立場とによって象徴される（Cook & Goss, 2014; Spitzer, 2011）。本章においては、前者を銃規制派、後者を銃擁護派と呼ぶことにする。この節では、日本の読者にとって馴染みが薄いと思われる銃擁護派の主張に軸足を置きつつ、アメリカ合衆国における銃規制をめぐる議論を確認する。

　サンディー・フック小学校銃乱射事件のような惨劇を目の当たりにしたとき、銃を規制しようという動きが出るのは自然なことのように思われる。それ以前にも数かずの似たような銃撃事件が発生してきたにもかかわらず、アメリカ合衆国では未だに簡単に銃を手に入れることができるという事実に驚きを感じる者もいるだろう。銃が人を殺すのだから、銃を無くすことによって人の命を救おうとするのは妥当な考え方のように思われる。しかし、アメリカ合衆国

における銃をめぐる議論はそれほど単純ではない。

　アメリカ合衆国においては、建国以来、銃が大きな社会的役割を担ってきた（Cook & Goss, 2014; Spitzer, 2011）。組織された軍隊が存在しなかった建国期においては、銃によって武装した市民たちが民兵団を組織し、その代わりを担った。また西部開拓期においては、荒野を行く開拓者たちが銃によってその身を外敵から守った。このような歴史的経緯から、アメリカ合衆国においては銃がその文化の一部となっている。政府が存在する前からアメリカ人たちは銃を所有してきた。だから政府がアメリカ市民から銃を取り上げることはできない。この議論はアメリカ合衆国の歴史的文脈においては一定の説得力を持つ。

　そもそも個人が銃を所有する権利を政府が制限することができるのかという問いは、銃規制をめぐる議論の中心を成してきた（Cook & Goss, 2014; Spitzer, 2011）。銃を持つ権利は基本的権利の一つであり、政府であれ、誰であれ、これを侵害することはできないとする見方がある。この見方が正しいなら、銃規制が犯罪を減らすかどうかという議論には意味がない。犯罪が減ろうが増えようが、個人が銃を持つという基本的権利を侵害することは誰にもできない。これに関連して、1791年に成立したアメリカ合衆国憲法修正第二条は以下のように記している。

> A well regulated Militia, being necessary to the security of a free State, the right of the people to keep and bear Arms, shall not be infringed. (The Second Amendment to the United States Constitution, 1791)
>
> 規律ある民兵団は、自由な国家の安全にとって必要であるから、人民が武器を保有し携行する権利は、これを侵してはならない。

軍隊や警察が組織された現代において、「規律ある民兵団（A well regulated Militia）」という言葉には古めかしい響きがある。「自由な国家の安全（the security of a free State）」が何を意味するのかについても意見が分かれるだろう。また、「武器（Arms）」とはどのような武器を指すのか、そこに制限を

かけることはできないのかという疑問も湧く。実際、アメリカ合衆国憲法修正第二条が無制限の武器所有権をすべてのアメリカ人たちに保障していると考える者は多くない。しかし、その一方で、この条項が遵法的なアメリカ市民に対して何らかの銃を所有する権利を保障しているという点については、銃規制派であるか銃擁護派であるかを問わず、ほぼすべてのアメリカ人たちが合意している。アメリカ合衆国最高裁判所も2008年と2010年に、この条項が個人の武器所有権を保障しているとする判決を出している。意見が分かれるのは、どのようなアメリカ人がどのような銃を持つことができるのかという点についてである。たとえば、銃規制派は犯罪歴のある者に対する銃の販売や殺傷能力の高い銃の販売を規制しようと呼びかけてきた（Cook & Goss, 2014; Spitzer, 2011）。

　個人が銃を持つ権利を政府が制限することはできないとする議論には、政府の専制に対する市民の抵抗を保障するという思想が反映されている。これに関連して、1776年のアメリカ合衆国独立宣言に以下の文章がある。

> We hold these truths to be self-evident, that all men are created equal, that they are endowed by their Creator with certain unalienable Rights, that among these are Life, Liberty and the pursuit of Happiness. --- That to secure these rights, Governments are instituted among Men, deriving their just powers from the consent of the governed, --- That whenever any Form of Government becomes destructive of these ends, it is the Right of the People to alter or to abolish it, and to institute new Government, laying its foundation on such principles and organizing its powers in such form, as to them shall seem most likely to effect their Safety and Happiness. (The Declaration of Independence, 1776)
>
> われわれは、以下の事実を自明のことと信じる。すなわち、すべての人間は生まれながらにして平等であり、その創造主によって、生命、自由、および幸福の追求を含む不可侵の権利を与えられている。こうした権利を確保するために、人びとの間に政府が樹立され、政府は統治される者の合意に基づいて正当な権力を得る。そして、いかなる形態の政府であれ、政府がこれらの目的に反

するようになったときには、人民は政府を改造または廃止し、新たな政府を樹立し、人民の安全と幸福をもたらす可能性がもっとも高いと思われる原理をその基盤とし、人民の安全と幸福をもたらす可能性がもっとも高いと思われる形の権力を組織する権利を有する。

この文章は植民地支配を強めるイギリス政府からの独立を意図して書かれたものなので、ここで退けられるのはイギリス政府であり、新設されるのはアメリカ政府であると想定されている。そのような特殊な歴史的背景を持つ文章ではあるものの、この独立宣言の中の一節は現代にまで通じるアメリカ的民主主義の精神の一つの側面を代弁している。それはすなわち、まず個人の権利があり、それを保障するために政府が作られるということである。そして、政府が個人の権利を侵害するのであれば、これを廃止しても構わないということである。政府についてのこのような見解を踏まえるならば、アメリカ合衆国憲法が武器を持つ権利をアメリカ人たちに保障している理由の一つは、彼らがそれを使って政府を廃止するという可能性を残しておくことにあるということがわかる。そして、そうであるならば、アメリカ政府がそれ自身に対抗する手段としての銃を市民から取り上げることはできないということになる。

　上述したように、銃擁護派はアメリカ合衆国の伝統と憲法を引き合いに出して銃を持つ権利を主張することが多いが、それに加えて銃規制による犯罪抑止効果を疑問視する場合もある (Cook & Goss, 2014; Spitzer, 2011)。たとえば、すでにさまざまな種類の大量の銃が社会に蔓延している現状において銃規制を導入すれば、合法的市民の手から自衛のための銃が奪われ、犯罪が増えるという議論がある。また、銃規制によって犯罪が増えるということはないにしても、銃規制による犯罪抑止効果が明らかになっていない現状において、銃を持つ権利を制限することは正当化されないという意見もある。さらには、銃犯罪の原因を銃そのものではなく、その使用者に求める議論もある。たとえば、多くの銃撃事件の容疑者が精神的に不安定な状態にあったり、残酷なビデオゲームに耽溺していたりするという事実を踏まえて、銃に対する規制ではなく、精神衛生問題への対応やビデオゲームに対する規制を呼びかける人びとがいる (Cook & Goss, 2014; Spitzer, 2011)。

約一世紀にわたり、銃擁護派の意見をもっとも強く代弁してきたのは、「全米ライフル協会（National Rifle Association of America: NRA）」である（Cook & Goss, 2014; Spitzer, 2011）。1871年に設立されたNRAは、武器製造会社、軍隊、政府、警察などと連携しながら、アメリカ合衆国の銃文化の発展に貢献してきた。NRAは銃の所有と安全な使用を促進するため、個人や団体に対して銃の訓練を行ったり、各種認証を与えたりしてきたが、1970年代から銃規制に反対するロビー活動を活発化させている。たとえば2004年、10年間の時限立法として成立した攻撃用銃器規制法（Federal Assault Weapons Ban of 1994）が更新されずに失効したが、その背後にはNRAによる働きかけがあった。また、2012年、サンディー・フック小学校銃乱射事件を受けて銃規制を求める声が高まった際、NRAは銃を規制するのではなく、各学校に武装した警官を配置することで犯罪防止を目指すよう議会に呼びかけた（Sullivan, 2012, December 21）。

NRAの活動は、大統領、有力政治家、著名人を含む幅広い会員によって支えられてきた。第18代大統領ユリシーズ・S・グラント（Ulysses S. Grant）や俳優のチャールトン・ヘストン（Charlton Heston）などがNRA会長を務めた一方で、元アラスカ州知事で2008年大統領選の共和党副大統領候補サラ・ペイリン（Sarah Palin）、俳優のチャック・ノリス（Chuck Norris）、カート・ラッセル（Kurt Russell）、トム・セレック（Tom Selleck）、ウーピー・ゴールドバーグ（Whoopi Goldberg）、バスケットボール選手のカール・マローン（Karl Malone）などがNRA会員として知られている。NRAの現在の会員数は約500万人を数え、献金、寄付、活動収益から成る資金は一年あたり2億ドルを超えている（Korte, 2013, May 4; Robison & Crewdson, 2012, January 11）。NRAは銃に対する姿勢によって政治家たちをランク付けし、選挙において自分たちと立場を同じくする政治家たちを強力に支援することで、その政治的発言力を高めてきた。NRAの活動を穏健過ぎると批判する「米国銃所有者協会（Gun Owners of America: GOA）」のような急進的な銃擁護団体も、NRAと対峙する立場にある「ブレイディー・キャンペーン（Brady Campaign to Prevent Gun Violence）」のような銃規制団体も、その組織力と

資金力と政治的影響力において、NRAには遠く及ばない。サンディー・フック小学校銃乱射事件を受けてオバマが成立を目指した銃規制法案が上院で否決されたのも、NRAの圧力によるところが大きい。

3. 世　　論

　アメリカ合衆国の世論は銃規制をめぐって二分されてきた。全体的な傾向を見ると、2008年頃までは、銃を持つ権利を守ることよりも銃規制を優先するという意見が優勢だったが、2009年以降、銃擁護派と銃規制派はほとんど拮抗状態にある。2012年12月のサンディー・フック小学校銃乱射事件直後の一時期、銃規制を求める声がやや優勢となったものの（49パーセント対42パーセント）、その後また拮抗状態に戻り、2014年には、逆に銃を持つ権利を擁護する声がやや優勢となった。オバマはサンディー・フック小学校銃乱射事件直後の銃規制強化に向けての世論の高まりを活かそうとしたと言える。(After Newtown, 2012, December 20; Baker & Shear, 2013, January 16; Growing public support 2014, December 10)。

　銃規制の効果については、民主党支持者と共和党支持者の間で意見が分かれている。2014年の調査によると、民主党支持者の60パーセントは銃が人びとを危険にさらすと考えているが、同じように考えている共和党支持者は16パーセントしかいない。共和党支持者の80パーセントは銃が人びとを犯罪被害から守ると考えている。同じように考えている民主党支持者が35パーセントしかいないのとは対照的である（Growing public support, 2014, December 10）。

　銃に関する政策の具体的内容についての世論調査結果も興味深い（Broad support, 2013, May 23）。2013年の調査によると、銃の個人売買や見本市（gun show）での取引において、顧客の身元調査が実施されていない場合が多いという現状を受けて、これを徹底することに賛成するかどうかを尋ねたところ、民主党支持者と共和党支持者のそれぞれ80パーセント以上がこれに賛成すると答えている。その一方で、他の政策については、党派による意見の違

いが鮮明になっている。すべての銃の売買を記録する連邦政府のデータベースを作るという案について、民主党支持者の80パーセントがこれに賛成しているのに対して、これに賛成している共和党支持者は48パーセントしかない。また、攻撃用銃器（assault-style weapons）の禁止についても、民主党支持者の68パーセントがこれに賛成しているのに対して、共和党支持者の賛成は39パーセントに留まっている。共和党支持者の多くは、上述の政策よりも教職員の銃による武装を促すべきだと考えている。教職員の武装に賛成する共和党支持者は51パーセントに達している一方、民主党支持者でこれに賛成する者は21パーセントに留まっている（Broad support, 2013, May 23）。

最後に、銃擁護派と銃規制派の政治活動についての世論調査結果を確認しておく（Broad support, 2013, May 23）。一般的傾向として、銃擁護派の方が銃規制派よりも積極的に政治活動に関与している。2013年の調査によると、銃擁護派の25パーセントが銃に関して自分と立場を同じくする団体に献金したことがあると答えているのに対して、銃規制派で同様の献金を行ったことがあると答えたのは6パーセントに過ぎない。また、銃擁護派の41パーセントが、他のほとんどの政策について賛同できるとしても、銃に関する考え方が自分と異なる候補者には投票しないと答えている。これに対して、銃に関する政策を投票の最優先事項にしている者は、銃規制派の31パーセントである。これらの数字から、銃擁護派のこの問題に関する政治的関与の度合いは大きく、それが彼らの政治的発言力を高めているということがわかる（Broad support, 2013, May 23）。

以上、アメリカ合衆国における銃規制をめぐる議論と世論について確認した。これらを踏まえて、オバマは自分が推進する銃規制改革についてどのように語ったのだろうか。以下では、銃規制法案可決に向けての一連の演説と法案否決後の演説において、オバマが何を語ったのかを順に吟味していく。

4. 銃規制法案可決に向けての演説

　サンディー・フック小学校銃乱射事件の直後から、オバマは銃規制について語り始めた。オバマはまず、事件当日、2012年12月14日の午後、ホワイトハウスから大統領声明を発表した。この声明において、オバマは込み上げる感情を抑えながら、アメリカ合衆国が数多くの銃乱射事件を経験してきたことを振り返り、このような悲劇を食い止めるために一致団結しようと聴衆に呼びかけた（Obama, 2012, December 14）。また、2012年12月16日、オバマはコネティカット州ニュータウンで開催された諸宗派追悼集会（Interfaith Prayer Vigil）に出席し、弔辞を述べた。ここでオバマは死者を悼み、遺族の悲痛を癒すことを最優先させつつも、同様の悲劇を防ぐために「政府が持つ力のすべてを行使する（I will use whatever power this office holds）」ことを宣言した（Obama, 2012, December 16）。しかし、その改革の具体的内容についてオバマが触れるのは、年が明けてからのことである。

　2013年1月16日、二期目の就任式の4日前、オバマはホワイトハウスで記者会見を行い、自分の求める銃規制改革の具体的内容を披露した。オバマの改革案は、この問題について長年精力的に活動してきた副大統領ジョー・バイデン（Joe Biden）がまとめた提案に基づいている。バイデンは、警察官、公衆衛生専門家、銃擁護団体、銃愛好家、宗教家、政治家、知事、市長など幅広い分野の関係者たちから意見を聞き、その提案をまとめたという（Obama, 2013, January 16）。オバマはこの記者会見において、すべての銃の売買における身元調査の完全義務化、攻撃用銃器の製造と販売の禁止、大量の弾丸を装填できる高性能弾倉の製造と販売の禁止、そして犯罪者に銃を転売する意図をもって銃を購入することの禁止を提案した。そして、これらの提案を審議し、法律化することを議会に求めた。それと同時に、オバマは議会の承認を必要としない23の行政措置（executive actions）を講じることを宣言し、演説後、直ちにこれらに署名した。これらの行政措置によって、現行の銃規制法の執行がより厳格化されること、アメリカ疾病予防管理センター（Centers for

Disease Control and Prevention: CDC) が銃被害に関する研究を実施できるようになること、医者が患者に銃の所有状況について尋ねることができるようになることなどの変化がもたらされた（Baker & Shear, 2013, January 16; Obama, 2013, January 16）。

　銃乱射事件の遺族を含む聴衆を前にして、オバマはこれらの「常識的な」改革案への支持を訴えたが、これに対する反応はさまざまだった（Baker & Shear, 2013, January 16; Obama, 2013, January 16）。長きにわたって銃規制に向けての政治活動を続けてきたニューヨーク州選出の民主党上院議員チャールズ・E・シューマー（Charles E. Schumer）は、実現可能性と期待される効果のバランスを考慮した上で、身元調査の完全義務化を後押しする発言をしている。また、下院司法委員会委員長を務めるバージニア州選出の共和党下院議員ロバート・W・グッドラッテ（Robert W. Goodlatte）は、攻撃用銃器の規制を効果的でないとして退けつつも、犯罪者や大きな精神的困難を抱える者たちの手に銃が渡らないようにするための手段として、身元調査の完全義務化に賛同する旨の発言をしている。さらに「違法銃器に反対する市長連合（Mayors Against Illegal Guns）」も、オバマの提案を強く後押しすることを表明した（Baker & Shear, 2013, January 16）。

　その一方で、オバマの提案に反対する者たちもいた。フロリダ州選出の共和党上院議員マルコ・ルビオ（Marco Rubio）は「大統領の提案どれ一つをとっても、サンディー・フックでの虐殺を防ぐことはできなかっただろう」と述べ、暴力の根本原因を突き止めることなく、アメリカ市民に付与された銃を持つ権利を攻撃しているとして、オバマを批判した（Baker & Shear, 2013, January 16）。他の共和党議員の多くもルビオに賛同し、アメリカ合衆国憲法修正第二条に記された武器所有権を擁護する姿勢を見せた。

　その後、2013年4月17日に銃規制法案が上院で否決されるまで、オバマはいくつかの演説をとおして、銃規制改革への支持を呼びかけた。2月4日にはミネソタ州ミネアポリスの警察署で演説し、法の執行機関にとっての銃規制の重要性を説いた（Obama, 2013, February 4）。また、2月12日の一般教書演説においては、サンディー・フック小学校銃乱射事件に言及しながら、銃規制

法案の是非を投票で問うことを議会に促した。ニュータウン、オーロラ、オーク・クリーク、トゥーソン、ブラックスバーグの家族のためにも、銃規制法案は審議され、投票されなければならないと力強く訴えるオバマに、聴衆は大きな拍手で応えた（Obama, 2013, February 12）。

　オバマが演説を続けていくにつれて、「ブレイディー・キャンペーン（Brady Campaign to Prevent Gun Violence）」や「違法銃器に反対する市長連合（Mayors Against Illegal Guns）」などの銃規制団体と、NRAに代表される銃擁護団体はそれぞれの政治活動を活発化させていった（Peters & Baker, 2013, March 28）。銃規制を求める世論がサンディー・フック小学校銃乱射事件直後の勢いを失っていく中、オバマは3月28日、銃によって子どもを失った母親たちをホワイトハウスに集め、銃犯罪の悲惨さと銃規制の必要性を訴えた（Obama, 2013, March 28）。また4月3日には、コロラド州デンバーの警察学校を訪れ、法の執行と銃規制の関わりについて再度演説した（Obama, 2013, April 3）。そして4月8日、上院での法案審議の9日前、オバマは再びコネティカット州を訪れ、最後の訴えを行った（Obama, 2013, April 8）。

　コネティカット州ハートフォードのハートフォード大学（University of Hartford）で行われたこの演説には、3,100人の聴衆が足を運んだ（Applebome & Weisman, 2013, April 8）。銃規制法案の上院での審議を翌週に控え、事態は緊迫化していた。上院少数党院内総務を務めるケンタッキー州選出の共和党上院議員ミッチ・マコーネル（Mitch McConnell）は、他の共和党員たちとともに、民主党主導の銃規制法案についての議事を妨害する意向を表明していた。上院多数党院内総務を務めるネバダ州選出の民主党上院議員ハリー・リード（Harry Reid）はこの動きを「目に余る妨害行為」と強く批判したが、マコーネルたちは歩み寄る素振りを見せなかった（Applebome & Weisman, 2013, April 8）。その一方で、アリゾナ州選出の共和党上院議員ジョン・マケイン（John McCain）とサウスキャロライナ州選出の共和党上院議員リンゼイ・グラハム（Lindsey Graham）は、銃規制法案の審議妨害を戒める発言をしたと伝えられている。

　オバマがこの演説を行う数日前、コネティカット州は全米屈指の強力な銃

規制法を超党派的支持によって成立させていた（Applebome & Weisman, 2013, April 8）。この銃規制法成立の背後には、サンディー・フック小学校銃乱射事件の遺族たちの働きかけがあった。その一人であるニコール・ホックリー（Nicole Hockley）は、銃乱射事件で当時一年生だった息子のディラン（Dylan）を失った。彼女はオバマの演説の冒頭で、息子を失った自分の悲しみと銃規制法成立に向けての自分たちの働きかけを紹介した。遺族たちは「愛と論理（love and logic）」によって州議員たちに働きかけたとホックリーは述べた（Applebome & Weisman, 2013, April 8）。そして、その手法が連邦議員たちに対しても有効だと自分は信じていると彼女は続けた。ホックリーらの期待を受けて、オバマはコネティカット州の聴衆に対して、そしてアメリカ市民全体に対して、銃規制法案への支持を呼びかけた。

　オバマはこれらの演説において、銃規制の必要性をどのように訴えたのだろうか[2]。

（1）当事者の声

　まず今回の銃規制法案可決に向けての演説において、オバマは当事者の声をできるだけ尊重しようとしている。その手段の一つとして、オバマはサンディー・フック小学校銃乱射事件やその他の銃撃事件の遺族たちを演説会場へと招き、彼女たちに自分の言葉で銃規制について語る機会を与えている。たとえば、2013年3月28日のホワイトハウスでの演説の冒頭では、教え子をバージニア工科大学での銃乱射事件で失った女性が自らの体験を語り、銃規制への支持を訴えていた。また4月8日のコネティカット州での演説の冒頭では、サンディー・フック小学校銃乱射事件で我が子を失った女性が同様に自らの思いと決意を語っていた。さらに直接には語らずとも、その存在をとおして、当事者たちが自分たちの主張を聴衆に訴えるという場面も見られた。たとえば、先に述べた3月28日の演説においては、銃規制を訴えるオバマの背後に銃によって我が子を失った母親たちが並び立ち、オバマの演説を見守っていた。メディアをとおしてこの演説を視聴する者たちは、これらの母親たちが涙を堪えながらオバマの演説を聴く姿を目にすることで、遺族たちの心情に触れる機会を得

ることができた。

　またオバマは銃撃事件の遺族たちの声と同様に、当事者としての子どもたちの声を大切にしている。ここでいう子どもたちとは、銃撃事件の直接の被害にあった子どもたちだけではなく、アメリカ合衆国に生きるすべての子どもたちのことである。1月16日の演説において、オバマは4人の子どもたちを演壇の上へと招き、その傍らで彼らが書いた手紙の内容を紹介した。子どもたちは大切な人を突然の暴力によって失うことがいかに耐え難いかをそれぞれの手紙に綴っていた。そして安全で平和な社会の実現を一様に願っていた。サンディー・フック小学校銃乱射事件が世間に強烈な衝撃を与えたのは、その被害者の多くが小さな子どもたちだったからである。そして今回の銃規制をめぐる議論の中で問題となっているのは、これらの子どもたちの安全である。しかし、アメリカ合衆国において、銃規制をめぐる議論の中に子どもたちの視点が取り入れられることはほとんどなかった（Cook & Goss, 2014; Spitzer, 2011）。オバマはこの点を踏まえ、銃規制をめぐる議論に子どもたちの声を取り入れようとしている。

　このように、オバマは銃撃事件の遺族や子どもたちを演説の舞台へと招き、聴衆が彼らの声を聴き、彼らの姿を目にする機会を設けようとしている。そうすることで、オバマはこれらの人びとが銃規制をめぐる議論に欠かせない視点を提供していること、そしてこれらの人びとの意見を聴くことなしに銃規制の是非を論じることはできないことを聴衆に思い出させようとしている。

（2）超党派的呼びかけ

　銃規制をめぐる議論においては、銃擁護派と銃規制派の対立が際立つ傾向がある。これを受けて、オバマは自分の提案が超党派的な支持を得ていることを強調する。たとえば、4月8日の演説において、オバマは銃購入者に対する身元調査の完全義務化について、以下のように述べている。

> It turns out 90 percent of Americans think so. Ninety percent of Americans support universal background checks. Think about

that. How often do 90 percent of Americans agree on anything? --- (laughter) --- And yet, 90 percent agree on this --- Republicans, Democrats, folks who own guns, folks who don't own guns; 80 percent of Republicans, more than 80 percent of gun owners, more than 70 percent of NRA households. It is common sense. (Obama, 2013, April 8)

90パーセントのアメリカ人たちがそう思っていることがわかった。90パーセントのアメリカ人たちが身元調査の完全義務化を支持している。考えてみてくれ。アメリカ人の90パーセントが何かについて同意するなどということが、どれだけあるだろうか。――（笑い）――しかし、この件については90パーセントが同意している。――共和党支持者、民主党支持者、銃を持つ者、銃を持たない者。共和党支持者の80パーセント、銃を持つ者の80パーセント以上、NRA加入世帯の70パーセント以上が同意している。これは常識的な案だ。

ここでオバマは、銃規制法案に反対する傾向のある共和党支持者の80パーセント、銃保有者の80パーセント以上、NRA会員の70パーセント以上が身元調査の完全義務化を支持しているという調査結果を引用しつつ、自分の改革案が政治的立場の違いを越えた支持を得ていることを強調している。同じく4月8日の演説に以下のような箇所がある。

I've got stacks of letters from gun owners who want me to know that they care passionately about their right to bear arms, don't want them infringed upon, and I appreciate every one of those letters. I've learned from them. But a lot of those letters, what they've also said is they're not just gun owners; they're also parents or police officers or veterans, and they agree that we can't stand by and keep letting these tragedies happen; that with our rights come some responsibilities and obligations to our communities and ourselves, and most of all to our children. We can't just think about "us" -- we've got to think about "we, the people." (Obama, 2013, April 8)

私は銃保有者たちからたくさんの手紙を受け取った。彼らは自分たちが武器を

持つ権利のことを心から気にかけており、それらの権利が侵害されることを望んでいない。私はそれらの手紙の一通一通をありがたく思う。私はそれらの手紙から学ぶことができた。しかし、それらの手紙の多くにはこうも書かれていた。彼らは銃保持者であるだけではない。彼らは親でもあり、警察官でもあり、退役軍人でもある。そして、彼らはこれらの悲劇が繰り返されるのをただ傍観しているわけにはいかないと考えている。私たちの権利には責任と義務が伴うということを彼らは知っている。私たちの共同体と私たち自身に対する責任と義務、そして何よりも私たちの子どもたちに対する責任と義務だ。私たちは自分たちのことだけを考えているわけにはいかない。──私たちは「私たち、人民」について考えなければいけない。

銃規制の強化を求める世論の高まりを受けて、銃保有者たちの多くは自分たちの銃を持つ権利が侵害されるのではないかと危惧した。彼らは銃による犯罪を容認してでも銃を持つ権利を擁護する強硬派として、銃規制派から敵視される傾向にある。こうして、銃擁護派と銃規制派の対立構造が生み出される。オバマは銃所有者たちからの手紙を引用することで、この対立構造が成り立たないことを示そうとする。手紙の送り主たちは、銃所有者であると同時に、親であり、警察官であり、退役軍人でもある。彼らは銃を持つ権利を擁護すると同時に、銃による悲劇を防ごうとする意志を持っている。権利に付随する義務、社会や子どもたちに対する義務を考慮するならば、アメリカ人たちは銃を持つ権利を擁護しつつ、銃の規制を実現することができるはずだ。オバマはそう訴えている。この超党派的呼びかけは、オバマを卓越した語り手として全米に印象づけた 2004 年民主党全国大会基調演説以来、オバマの演説に広くみられる特徴の一つの変奏だと言える（花木，2010, 2014a, 2014b; Dilliplane, 2012; Frank, 2009, 2011; Frank & McPhail, 2005; Murphy, 2011; Rowland, 2011; Rowland & Jones, 2007, 2011; Terrill, 2009, 2011）。

（3）銃を持つ自由と社会的責任

　銃を持つ自由とそれに付随する社会的責任の均衡という主題は、銃規制についてのオバマの一連の演説の中でたびたび浮上してくる。オバマは憲法に定められた武器所有権を侵害しようとは考えていない。その一方で、オバマはその

権利がアメリカ人に与えられた他の権利を侵害することを危惧している。これをもっとも端的に示すのは、1月16日の演説の中の以下の箇所だろう。

> The right to worship freely and safely, that right was denied to Sikhs in Oak Creek, Wisconsin. The right to assemble peaceably, that right was denied shoppers in Clackamas, Oregon, and moviegoers in Aurora, Colorado. That most fundamental set of rights to life and liberty and the pursuit of happiness --- fundamental rights that were denied to college students at Virginia Tech, and high school students at Columbine, and elementary school students in Newtown, and kids on street corners in Chicago on too frequent a basis to tolerate, and all the families who've never imagined that they'd lose a loved one to a bullet --- those rights are at stake. We're responsible.（Obama, 2013, January 16）

> 自由かつ安全に礼拝する権利、ウィスコンシン州オーク・クリークのシーク教徒たちはその権利を侵害された。平穏に集会する権利、オレゴン州クラカマスで買い物をしていた者たちとコロラド州オーロラで映画を観ていた者たちはその権利を侵害された。生命、自由、幸福の追求に関するもっとも基本的な権利――バージニア工科大学の学生たち、コロンバインの高校生たち、ニュータウンの小学生たちはそれらの権利を侵害された。耐え難いほど頻繁に、シカゴの街角の子どもたちはそれらの権利を侵害されてきた。銃弾によって愛する我が子を失うことなど想像したことさえないすべての家族についても同様だ。――これらの権利が危機に瀕している。私たちには責任がある。

オバマによれば、過去に起きた大規模な銃乱射事件やアメリカ合衆国において連日のように発生している比較的小規模な銃撃事件においては、アメリカ人たちの諸権利が侵害されている。それは、安全かつ自由に祈り、学び、大切な人たちと大切な時間を共有する権利である。銃を持つ権利によって、これらの権利が侵害されることをオバマは許さない。オバマによれば、これらの権利は銃を持つ権利と同様に尊重されなければならない。上の引用箇所の直前、オバマは以下のように述べている。

154

> This is the land of the free, and it always will be. As Americans, we are endowed by our Creator with certain inalienable rights that no man or government can take away from us. But we've also long recognized, as our Founders recognized, that with rights come responsibilities. Along with our freedom to live our lives as we will comes an obligation to allow others to do the same. We don't live in isolation. We live in a society, a government of, and by, and for the people. We are responsible for each other.（Obama, 2013, January 16）

> ここは自由の土地であるし、これからもずっとそうだろう。アメリカ人として、私たちは創造主によっていくつかの不可侵の権利を与えられている。誰であれ、またどのような政府であれ、これらの権利を私たちから奪うことはできない。しかし、建国の父たちが理解していたように、私たちは権利には責任が伴うことを昔から理解してきた。自分たちが望むように生きるという自由には、他の人たちにも同じことを許すという義務が伴う。私たちは孤立して生きているわけではない。私たちは社会の中に生きている。人民の人民による人民のための政治の中に生きている。私たちはお互いに対して責任を負っている。

ここでオバマはアメリカ合衆国において自由という価値が非常に重い意味を持つことを確認する。オバマによれば、アメリカ人たちは自分たちが政府でさえも奪えない権利を付与されていると信じている。そして、その信念がアメリカ合衆国という国を支えている。しかし、その一方で、アメリカ人たちには他者の自由を守る義務がある。銃擁護派の一部は政府が彼らから銃を持つ権利を奪おうとしていると危惧するが、オバマにとって政府とは自由なアメリカ人たちの集まりに他ならない。もし政府が銃を持つ権利を制限するとすれば、それはアメリカ人たちが自分たちの意志によって自分たちの権利を制限するということを意味する。そして、その権利は他者と自らの自由を守るために制限されるのである。ジョン・ステュアート・ミルの古典的リベラリズムを彷彿とさせる議論だが、同じような語りはオバマの他の演説にも確認されている（Mill, 1859/2008; Rowland, 2011; Rowland & Jones, 2007, 2011）。オバマが信じるリベラリズムの解釈が今回の銃規制をめぐる演説にも反映されていると言える

だろう。

(4) 個人の小さな物語

　オバマは印象的な人物をめぐる物語を持ち出すことで、自分の語る政策を聴衆に強く印象づけるという手法をよく用いる。それは人種の壁を乗り越えてオバマの選挙戦を支持する白人女性の話であったり、絶え間ない努力によって新天地アメリカにおける成功を手にする移民の話であったりする（Obama, 2008, March 18; Obama, 2011, May 10）。オバマはその演説全般において、普通の人びと（ordinary people）が勤勉と弛まぬ努力とによって偉業（extraordinary things）を成し遂げる物語としてのアメリカン・ドリームを語っているとされるが、これらの個人的な物語はそのアメリカン・ドリームの物語を象徴している（Rowland & Jones, 2007, 2011）。この流れを受けて、オバマは銃規制改革を求める一連の演説においても、普通のアメリカ人たちの物語を語っている。1月16日の演説の最後を飾る物語はその典型を成す。

　演説前の12月、コネティカット州ニュータウンを訪れた際、オバマはサンディー・フック小学校銃乱射事件によって我が子を失った親たちと面会した。その中にグレイス・マクドナルド（Grace McDonald）の両親がいた。凶弾に倒れたとき、グレイスは7歳だった。彼女はピンクが好きで、ビーチが好きで、画家になることを夢見ていた。オバマがニュータウンを去るとき、グレイスの父親は娘が描いた一枚の絵をオバマに渡した。オバマはその絵をホワイトハウスの書斎に飾った。こう述べた後、オバマは以下のように続ける。

> And every time I look at that painting, I think about Grace. And I think about the life that she lived and the life that lay ahead of her, and most of all, I think about how, when it comes to protecting the most vulnerable among us, we must act now --- for Grace. For the 25 other innocent children and devoted educators who had so much left to give. For the men and women in big cities and small towns who fall victim to senseless violence each and every day. For all the Americans who are counting on us to keep them safe from

harm. Let's do the right thing. Let's do the right thing for them, and for this country that we love so much. (Obama, 2013, January 16)

その絵を見るたびに、私はグレイスのことを思う。彼女が生きた人生と彼女の前途に横たわっていた人生を思う。そして何よりも、私たちの中でもっとも無防備な者たちを守るということに関して、私たちはいま行動しなければいけないと思う。——グレイスのために。限りない可能性を秘めていた他の 25 人の無垢な子どもたちと熱心な教育者たちのために。毎日、大きな街や小さな町で不条理な暴力の被害に遭っている男たちと女たちのために。自分たちの身を危害から守ってくれるだろうと私たちに期待しているすべてのアメリカ人たちのために。正しいことをしよう。彼らのために、そして私たちが愛してやまないこの国のために、正しいことをしよう。

この物語には強い修辞的作用がある。オバマが訴える銃規制改革は、この一人の少女と彼女が描いた絵をめぐる物語によって、人間の顔を与えられる。この物語を聴くことによって、聴衆はここで問題となっているのが子どもたちの未来であることを確認する。またオバマの改革が、サンディー・フック小学校銃乱射事件の遺族たちだけではなく、その他のすべての銃撃事件の遺族たち、そしてすべてのアメリカ人たちにとって重要であることを確認する。

物語には倫理を生み出す力がある（花木, 2011; Fisher, 1973）。この一人の少女が描いた一枚の絵をめぐる物語は、銃による暴力を減らすべく行動する倫理的責任がすべてのアメリカ人にはあるということを聴衆に実感させる。それと同時にこの物語は、銃規制法がオバマ一人の力によって実現できるものではなく、一人一人のアメリカ人が声を上げることによってのみ実現し得るものだということを聴衆に理解させる。このように、オバマが語る普通のアメリカ人たちの小さな物語には聴衆を銃規制改革という偉業の達成へと導いていく作用がある。

5. 銃規制法案否決後の演説

　オバマの力強い訴えと銃撃事件の遺族や銃規制団体の熱心な働きかけにもかかわらず、2013 年 4 月 17 日、銃規制法案は上院で否決された。この結果に遺族たちは落胆した。議会に足を運んだ遺族たちの中には、投票結果が示された瞬間、「恥を知れ」と叫んだ者もいた (Weisman, 2013, April 17)。サンディー・フック小学校銃乱射事件以来、数か月にわたって法案成立を精力的に呼びかけてきたオバマも落胆の色を隠せなかった。

　法案に反対した多くの共和党議員と一部の民主党議員たちは、重要な政策の審議に感情の入り込む余地はないとして、論理に基づいた決断を下したとされる。アイオワ州選出の共和党上院議員チャールズ・E・グラズリー (Charles E. Grassley) は、「犯罪者たちは現在、身元調査を受けていない。彼らは身元調査の完全義務化にも応じないだろう」と語ったと伝えられている (Weisman, 2013, April 17)。

　銃規制法案が不成立に終わった背景には、NRA の存在がある。NRA は上院議員たちに電話、電子メール、手紙などで連絡をとり、法案に反対するよう彼らを説得した。また、オバマの銃規制改革を批判する広告キャンペーンに、4 月 17 日だけで 50 万ドルを費やしたという。広告は銃規制派を代表するニューヨーク市長マイケル・R・ブルームバーグ (Michael R. Bloomberg) を引き合いに出し、「オバマとブルームバーグではなく、アメリカ合衆国の警察官たちの意見を聞くようにあなたの知事に呼びかけよう」と訴えた (Weisman, 2013, April 17)。

　法案否決を受けて、オバマはホワイトハウスで演説を行った (Obama, 2013, April 17)。アリゾナ州トゥーソンにおける銃撃事件で負傷した同州選出の元民主党下院議員ガブリエル・ギフォーズ、長年にわたり銃規制改革を推進してきたジョー・バイデン副大統領、そしてサンディー・フック小学校銃乱射事件で子どもを失った遺族たちに囲まれながら、オバマはこの演説において、自分たちの敗因を分析すると同時に、将来の法案成立に向けての対策を述べ

た。オバマはこの演説で何を語ったのだろうか。

まずオバマは、否決された一連の改革案の中でもっとも成立の見込みが高かった身元調査の完全義務化を例にとり、この改革案が成立しなかった理由を説明している。この改革案は、現在、銃の正規販売店において実施されている購入者に対する身元調査を見本市やインターネットにおける銃の売買にも拡大するというものである。これによって、重罪判決を受けた者、家庭内暴力の有罪判決を受けた者、そして重度の精神疾患を抱える者たちなどの手に銃が渡るのを防ぐことができるとされていた。この改革案はともにNRAから「A」評価を受けた民主党と共和党の上院議員たちによって提案された。このことから、この改革案がアメリカ合衆国憲法修正第二条に記された武器所有権に抵触しないこと、また党派の違いを越えた現実的で常識的な提案を含んでいることは明らかであり、だからこそアメリカ人の90パーセントがこの改革案を支持したのだとオバマは言う。

オバマによれば、この改革案が不成立に終わったのは、NRAに代表される銃擁護団体の働きによるところが大きい。銃擁護団体はこの改革案について「意図的に嘘をついた（willfully lied）」とオバマは言う（Obama, 2013, April 17）。彼らはこの改革案が政府による銃の登記と管理を推し進めるものだと吹聴し、それによって熱心な銃愛好家たちは改革案への反感を募らせた。これらの銃愛好家たちはやがて自分たちの選挙区の上院議員たちに圧力をかけ、上院議員たちは彼らの支持を失うことを恐れて改革案反対に回った。これらの上院議員たちはニュータウンでの出来事に衝撃を受けていたにもかかわらず、将来の選挙戦を危惧するあまり、銃擁護派の圧力に屈した。このように説明した後、オバマは以下のように述べる。

> I've heard some say that blocking this step would be a victory. And my question is, a victory for who? A victory for what? All that happened today was the preservation of the loophole that lets dangerous criminals buy guns without a background check. That didn't make our kids safer. Victory for not doing something that 90 percent of Americans, 80 percent of Republicans, the vast majority

of your constituents wanted to get done? It begs the question, who are we here to represent?（Obama, 2013, April 17）

> この改革案の成立を阻止したことを勝利だと誰かが言うのを私は聞いた。誰のための勝利なのかと私は問いたい。何のための勝利なのか。今日決まったことは、危険な犯罪者たちが身元調査なしで銃を購入することを許す法的抜け道を維持するということだ。そんなことをしても、私たちの子どもたちの安全にはつながらない。アメリカ人の90パーセント、共和党支持者の80パーセント、有権者の大多数が望んだことをしなかったことを勝利と呼べるのか。こう問わなければいけない。私たちはここで誰を代表しているのかと。

90パーセントのアメリカ人たちが支持する改革案が通らないのだとすれば、政治家たちはいったい誰を代表しているというのかというオバマの最後の言葉は、現在のアメリカ政治に対する本質的な問題提起として受け取れる。

　このように銃規制法案が否決された理由を説明した後、オバマは将来の法案成立に向けての対策を具体的に述べる。オバマによれば、数で下回る銃擁護派が法案を否決に持ち込めたのは、彼らがよく組織され、潤沢な資金に恵まれ、長いロビー活動の経験を持っていたからである。そして選挙において、彼らが銃規制反対という一点にすべての資源と労力を投入してきたからである。したがって銃規制派が為すべきことは、銃擁護派よりも力強く、より組織された活動を長期にわたって継続していくことである。

　オバマは今回の銃規制法案が、警察官、銃愛好家、民主党支持者、共和党支持者、都会の母親、田舎の猟師、さらにはNRA会員の多くによって支持されていたことを確認する。そして、これらの者たちがそれぞれの場所で声を上げることを期待する。そうすることによって、銃規制強化を求める多数派の声が議会での議論に反映されるようになるとオバマは言う。このオバマの訴えは、政治をワシントンの議員たちの手から民衆のもとに取り戻そうと訴えた2008年大統領選における一連の演説を彷彿とさせる（花木, 2010, 2014a; Dilliplane, 2012; Frank, 2009; Rowland & Jones, 2011; Terrill, 2009 参照）。オバマは大多数の有権者の意見をうまく汲み取ることのできない現在の政治システムを問題視し、民衆による開かれた政治をこれに対置させている。

6. おわりに

　本章では、サンディー・フック小学校銃乱射事件を受けてオバマが行った一連の演説の内容を吟味した。銃規制をめぐる議論が錯綜していることに加えて、NRA に代表される銃擁護派が強い影響力を発揮する中、オバマはこの問題に本腰を入れて取り組むことができずにいた。しかし、サンディー・フック小学校銃乱射事件がアメリカ国民に与えた衝撃の大きさと事件後の銃規制を求める世論の高まりを受け、オバマは銃規制改革を断行することを決意した。そして数か月の間、全米各地で演説を行い、自分が推進する銃規制法案への支持を聴衆に呼びかけた。

　本章では、これらの演説を特徴づける主題として、「当事者の声」、「超党派的呼びかけ」、「銃を持つ自由と社会的責任」、そして「個人の小さな物語」の4つを指摘した。これらの主題は、オバマの他の演説に見られる主題と重なり合っている。2004 年民主党全国大会基調演説以来、オバマは党派や人種や宗教などの違いを越えたアメリカ人としての塊を強調し、アメリカ人たちが共有する歴史的使命について語ってきた。また、オバマは個人の自由を尊重しつつも、アメリカ人たちに共同体の一員としての責任を果たすことを求めてきた。さらに民衆による政治を志向するオバマは、普通のアメリカ人の物語を演説に散りばめることで、聴衆をそれぞれの政治活動へと誘ってきた（花木, 2010, 2014a, 2014b; Dilliplane, 2012; Frank, 2009, 2011; Frank & McPhail, 2005; Murphy, 2011; Rowland, 2011; Rowland & Jones, 2007, 2011; Terrill, 2009, 2011）。

　今回の銃規制をめぐるオバマの演説に際立った特徴があるとすれば、それはオバマが当事者の声を一貫して強調したということだろう。オバマは銃撃事件の被害者たちを演説会場へと招き、その傍らで演説を行ったり、彼らがその心情を直接語る機会を設けたりした。銃撃事件の被害者たちに徹底して寄り添うオバマの姿は、多くの聴衆の共感を呼んだ。しかし、その一方で、その姿勢を「党派的」あるいは「感情的」だとして遠ざけた聴衆もいた。この点に関して、

第 7 章 銃　*161*

銃規制法案否決後の演説でオバマは以下のように述べている。

> I've heard folks say that having the families of victims lobby for this legislation was somehow misplaced. "A prop," somebody called them. "Emotional blackmail," some outlet said. Are they serious? Do we really think that thousands of families whose lives have been shattered by gun violence don't have a right to weigh in on this issue? Do we think their emotions, their loss is not relevant to this debate?（Obama, 2013, April 17）

> この法案の成立のために遺族たちの力を借りることは適切ではないと人びとが言うのを私は耳にした。遺族たちを「小道具」と呼ぶ者もいた。「感情的な脅迫」と呼ぶメディアもあった。彼らは正気なのか。銃による暴力によって人生を粉砕された何千もの家族たちは、この件について意見するべきではないというのか。彼らの感情、彼らの喪失は、この議論に無関係だというのか。

　ここでオバマが述べていることは、おそらく正しい。銃規制を語る上で、銃撃事件の被害者や遺族たちの感情を無視するべきではないだろう。それらの感情が道徳性を帯び、組織された政治的意志となり、よりよい社会に向けての変革を可能にするかもしれない。しかし、その一方で、当事者たちの感情に寄り添うということが直ちに銃規制法案を支持することにつながるわけではないということを忘れてはいけない。銃擁護派に属する人びとの中には、銃撃事件に心を痛め、その被害者たちに共感しつつも、銃規制法案に反対した者たちもいる。彼らは銃規制よりも、たとえば精神衛生問題への対応やビデオゲームに対する規制によって、銃乱射事件を抑止しようと考えていた。

　銃規制強化を目指すオバマとそれを阻止しようとする銃擁護派との間の今回のやりとりを感情と論理のぶつかり合いと捉えるのは適切ではないだろう。オバマは今回の銃規制をめぐる演説においても理性的な姿勢を崩さなかったし、銃擁護派に属する上院議員たちの多くも被害者たちが置かれている境遇に心を痛めていた。つまり、オバマの側も銃擁護派の側も、感情と論理に基づいて議論を展開していた。そして、だからこそ両者の間の意見の隔たりは埋まらなかった。このように捉えた方がより適切だろう。遺族の一人ニコー

ル・ホックリー（Nicole Hockley）は、銃規制に向けての働きかけが「愛と論理（love and logic）」によって支えられなければならないと言った（Obama, 2013, April 8）。彼女の言っていることは正しい。ただし、ここで留意すべきは、銃規制派の議論と同じように、銃擁護派の議論も「愛と論理」によって支えられているかもしれないということである。このような状況において、銃規制派とオバマは何を語ることができるだろうか。

オバマの銃規制改革は多くのアメリカ人たちによって支持されていた。銃規制法案が否決される前に実施された世論調査によると、見本市における銃の売買において顧客の身元調査を徹底するという案に対して、回答者の 91 パーセントが賛成していた（Post-ABC poll, 2013, March 12）。これが大統領選であったならば、オバマは有権者の支持と票を集め、期待する結果を得られたのかもしれない。しかし、今回の銃規制法案の成否を決めたのは、上院議員たちだった。そして、彼らの背後にはNRAが控えていた。これらの上院議員とNRAの幹部たちに対して、オバマの演説は十分な説得力を発揮できなかったようだ[3]。

上院における銃規制法案否決後、銃規制を求める世論は勢いを失った。オバマが銃規制について語ることも少なくなった。今後、アメリカ人たちが真剣に銃規制改革を求めるならば、彼らはオバマが提案したとおり、組織的な政治活動を長期にわたって粘り強く展開していかなければならないだろう。そして銃規制を求める力強い世論のうねりを生み出していかなければならないだろう。それらが達成されたとき、オバマは銃規制強化に向けて、より説得力のある演説を行うことができるかもしれない。

注

本章は以下の論文に加筆したものである。花木亨（2015）「バラク・オバマは銃規制を語る――銃を持つ自由と暴力からの自由――」『日本コミュニケーション研究』、第43巻第2号、pp.89-108。

1)「アスペルガー症候群」という名称は論争の的となっているが、ここではニューヨーク・タイムズ紙の報道にならって、このように表記する。

2) 以下の引用箇所は、銃規制をめぐるオバマの一連の演説の特徴をもっとも端的に表しているものを選択した。結果的に特定の演説からの引用が多くなったが、同様の表現は他の演説にも見られる。

3) 大統領が自分の推進する政策を実現していく上で、演説による説得行為はあまり役に立たないという議論もある。ジョージ・エドワーズによれば、大統領は聴衆を説得することではなく、既存の状況の中に埋め込まれた政治的機会を見つけ出し、それらを活用することによって、政策を実現していくという（Edwards, 2003, 2009, 2012）。この議論は、オバマの演説が銃擁護派に属する上院議員たちとNRAの幹部たちを説得できなかった理由の一部を説明している。

第 8 章

まとめ

1. バラク・オバマの演説

　本書においては、アメリカ合衆国大統領バラク・オバマの演説を多角的に吟味した。第1章では、大統領の演説について、そして後の章でオバマの演説を具体的に吟味していく上での注意点について確認した。第2章では、演説家としてのオバマを全米に印象づけた2004年民主党全国大会基調演説を吟味した。オバマの演説の典型を成すこの基調演説について検討することで、オバマの演説全般に見られる特徴を確認することを目指した。第3章では、2008年大統領選における代表的な演説をいくつか取り上げて吟味した。これらの演説においては、2004年民主党全国大会基調演説の特徴が引き継がれ、発展させられていることが確認された。

　第4章、第5章、第6章、第7章においては、現代アメリカ社会を象徴する特定の事柄についてのオバマの演説をそれぞれ吟味した。第4章では、2008年大統領選予備選の最中にオバマが行った人種についての演説「ア・モア・パーフェクト・ユニオン」について考察した。第5章では、大統領に就任したオバマがその最大の政策課題の一つである医療制度改革について語った2009年の演説を吟味した。第6章では、移民の国アメリカの根幹にかかわる政治課題である移民政策について、オバマがどのように語ったのかを確認した。そして第7章では、銃による暴力とその規制についてのオバマの演説を吟味した。各章においては、それぞれの演説を取り巻く政治的、社会的、歴史的文脈についても確認するように心がけた。演説の意味は、それらの文脈との関わりの中で生成されるからである。

これらのオバマの演説には、いくつかの共通する特徴がある。その一つは、多様性を内包した統一という主題である。アメリカ合衆国には、年齢、階級、性別、人種、性的指向、宗教、党派など、さまざまな点に関して異質な人びとが住んでいる。これらの人びとは、それぞれの類似性に基づいていくつかの集団を形成しているが、その一方で全体としてアメリカ人という一つの塊を形成している。オバマは「多にして一つ（E pluribus unum: Out of many, one）」というアメリカ合衆国のモットーを引用しながら、この異なっていると同時にまとまっている「アメリカ人」という塊に可能性を見出す。アメリカ合衆国は矛盾を抱えつつも、絶えずより完璧な統合を目指して進化していく。この「より完璧な統合（a more perfect union）」という言葉は、この国が追求すべき理想として、アメリカ合衆国憲法前文に書き込まれている（The Constitution of the United States of America, 1787）。エイブラハム・リンカーンやマーティン・ルーサー・キング・ジュニアなどの先人たちはその理想の実現に努め、オバマはその歩みを引き継いだ。オバマは多様性を内包した統一を語ることが黒人と白人の血をひく自分にとっての必然であると訴えた。

これに関連して、オバマはその演説において、自分の政治活動をアメリカ合衆国の歴史へと接続しようとする。その試みは2008年大統領選における一連の演説において、特に際立っていた。たとえば、大統領選出馬表明演説において、オバマは自分が拠点としたイリノイ州出身の大統領リンカーンの言葉を引用しつつ、自分の大統領選の歴史的意義を強調した。また大統領選勝利演説においては、自分の勝利をマーティン・ルーサー・キング・ジュニアによる自由と平等の実現に向けての歩みの延長線上に位置づけた。この勝利演説の最後を飾るアン・ニクソン・クーパーの物語も、オバマの勝利をアメリカ合衆国において実現された数かずの変革の一つとして描き出すのに貢献していた。それほど明示的ではないものの、大統領就任後の演説においても、オバマは自分の推進する政策をアメリカ合衆国の歴史的文脈の中に位置づけながら語ろうとしていた。

オバマの目指す政治の主体は一般のアメリカ市民たちである。これを反映して、オバマの演説には、彼が全米各地で出会った普通のアメリカ人たちの

物語が散りばめられている。「ア・モア・パーフェクト・ユニオン」演説におけるアシュリー・バイアの物語や大統領選勝利演説におけるアン・ニクソン・クーパーの物語がその代表例だが、それ以外にもオバマは自分がそれまでに出会った多様なアメリカ人たちの物語を自分の演説の中に取り込んでいった。そして、それらの物語をとおして、自分が目指す改革を説いていった。オバマはそれぞれの場所で努力し続ける普通のアメリカ人たちの姿を紹介した。そして、それらの努力が合わさり、大きな変革へとつながっていく様子を描写した。オバマが語るこれらの普通のアメリカ人たちの物語は、この国を古くから方向づけてきたアメリカン・ドリームの物語の一つの変奏である（Rowland & Jones, 2007, p.430）。

　オバマが語るアメリカン・ドリームにおいては、個人的側面と社会的側面の均衡が保たれている。一方で、オバマが語るアメリカン・ドリームは進歩の神話であり、その意味においてリベラルなものだと言える。そこではアメリカ合衆国の歴史が自由と平等のより徹底した実現へと向かう社会的変革の連続として捉えられている。過去が失望に満ちていたとしても、民衆を主体とした変革によって希望の未来がもたらされる。その信念がオバマの演説を貫いている。他方で、オバマが語るアメリカン・ドリームはこの国の自由主義の伝統に深く根差したものである。オバマは自分が語るアメリカの物語の起源をその建国理念の中に見出している。そこでは個人の自由が絶対不可侵の権利として尊重されている。この理念に支えられたオバマの語りにおいては、社会的責任と同時に個人の努力が問われる。そこでは、アメリカ合衆国が変革を繰り返しながら、建国時の理想へと立ち返っていくことが想定されている。この点を踏まえるならば、オバマの語りはリベラルであると同時に保守的であると言える。あるいは、オバマはリベラルと保守という二項対立を越えて、アメリカ人という一つの民の物語を語ろうとしていると言ってもよいだろう。

　オバマの演説全体の基調を成すのは希望である。オバマはその演説家としての原点を成す2004年民主党全国大会基調演説において、「大胆不敵な希望（audacity of hope）」を語った。それ以来、希望という主題は2008年大統領選における一連の演説、さらには大統領就任後の演説におけるオバマの語りを

特徴づけてきた。彼自身も強調するように、オバマの語る希望は根拠のない楽観主義ではない。ジェレマイア・ライトの説教に触発されて「大胆不敵な希望」という主題を考案したことからもわかるとおり、オバマが語る希望にはアフリカ系アメリカ人たちが経験してきた差別の記憶が浸み込んでいる。その一方で、それはマーティン・ルーサー・キング・ジュニアの語りと共鳴しつつ、自由と平等のより完全な実現に向けて、黒人と白人とすべてのアメリカ人たちを動員していく。

2. バラク・オバマの演説と現代アメリカ社会

政治家であるオバマは、現代アメリカ社会を象徴する公的な事柄について語ってきた。2004年民主党全国大会基調演説においては、大統領候補ジョン・ケリーを称賛する形をとりつつ、自分が信じる理想のアメリカ合衆国の姿について雄弁に語った。その試みは、2008年大統領選における一連の演説へと引き継がれた。オバマはこの大統領選において、希望と変革を基調とした力強い演説を繰り広げ、アメリカ合衆国の未来を語ると同時に、それにふさわしい指導者として自分自身を提示した。これらの演説において、オバマは国のあり方という、すべてのアメリカ人たちの生活の根幹に関わる問題について語っていた。

人種、医療、移民、銃についての演説においては、現代を生きるアメリカ人たちが直面しているこれらの問題に対して、オバマがどのように応答できるのかが問われていた。「ア・モア・パーフェクト・ユニオン」演説において、オバマはアメリカ合衆国における人種をめぐる複雑な現実について繊細かつ率直に語ることで、人種間の融和を促すと同時に、自らの大統領選を危機から救った。医療についての演説においては、民主党およびオバマ自身にとっての念願だった医療保険制度改革の必要性を訴えると同時に、両党の議員たちに理性的な政策討議を求めた。移民についての演説においては、移民によって支えられてきたアメリカ合衆国にふさわしい公正で厳格な移民政策の実現を呼びかけた。そして銃についての演説においては、銃を持つ自由と銃による暴力からの

自由がぶつかり合う中で、大多数のアメリカ人たちの同意を得られるような常識的な銃規制改革の実現を呼びかけた。

　オバマの演説が現実に及ぼした影響はさまざまだった。2004年民主党全国大会基調演説の目的がジョン・ケリーを大統領にすることだったとするならば、その目的は達成されなかった。2008年大統領選における一連の演説は、オバマ大統領誕生に大きく貢献した。オバマが推進する医療保険制度改革は実現したが、それに2009年のオバマの演説がどの程度貢献したかは定かではない。アメリカ合衆国において、医療制度をめぐる議論が沈静化していないことを踏まえると、あまり貢献しなかったかもしれない。移民制度改革と銃規制改革を求めるオバマの演説にもかかわらず、これらの改革はまだ実現していない。

　政治演説は通常、何らかの目的をもって行われる。したがって、オバマの演説について考える上で、それぞれの演説が当初の目的を達成したかどうかという事実を無視することはできない。その一方で、演説はその短期的効果によってのみ評価されるべきものでもない。オバマはそのほとんどの演説において、演説家としての稀有な才能を発揮し、多くの聴衆を魅了した。オバマに対しては、「言葉だけで政治はできない」という類の批判がよくなされるものの、その演説自体の質に対する批判は比較的少ない。政治家としてのオバマが任期中に成し得ることには限りがあったとしても、演説家としてのオバマは現在と未来のアメリカ人たちに長期的な影響を及ぼすかもしれない。オバマがアメリカ現代史におけるもっとも雄弁な政治家の一人として人びとに記憶されることは間違いないだろう。

3. 言葉と政治

　こうしてオバマの演説についての考察を終えてみると、アメリカ合衆国に根付いた政治演説の伝統を実感する。オバマは語ることで大統領になり、語り続けることで大統領であり続けている（Campbell & Jamieson, 2008）。その演説の中には、エイブラハム・リンカーン、ジョン・F・ケネディー、マーティ

ン・ルーサー・キング・ジュニアなどの過去の政治指導者たちの言葉が息づいている。現在の政治指導者たちは過去の政治指導者たちの言葉の上に自らの言葉を重ね、未来の政治指導者たちはさらにその上に言葉を重ねる。そうして、アメリカ合衆国における政治演説の伝統は築かれてきた。

　レトリックに関する初めての本を著したアリストテレスが、同時に政治学についての本を著しているのは偶然ではない（アリストテレス，1961, 1992）。古代ギリシャの民主制において、言葉と政治は一体だった。そこでは政治をよく行うということは、言葉をよく用いるということを意味していた。オバマの演説には、このアリストテレス的な修辞学と政治学の伝統が引き継がれている。

　アメリカ合衆国のような民主主義社会において、政治家たちはさまざまな公的問題に絶え間なく直面し、それらについて語ることを強いられる。大統領のような国家元首であれば、なおさらそうである。この修辞的要請にオバマほど巧みに応答した政治家は少ない。民主化が進む現代社会において、公的な事柄について自分の言葉で語るという能力は、一般市民にとっても重要になってきている。政治哲学者マイケル・サンデルの講義が多くの日本人の関心を惹きつけたのは、公的問題についての開かれた議論が日本においても求められていることの一つの表れだろう（Hanaki, 2014; Sandel, 2009）。オバマの演説を注意深く聴くことで、私たちは政治的な言葉を磨くことの意義とその方法を学べるかもしれない。そして、そのことが理性的で民主的な公的議論を触発し、政治そのものの洗練をもたらすかもしれない。本書がそのための一助となれば幸いである。

おわりに

　執筆を終えるにあたって、本書の限界について少し述べておきたい。まず演説の選定についてである。本書においては、バラク・オバマの数ある演説の中から本書の目的に適ったものを選んで吟味した。オバマの語りの特徴をよく表していること、そして現代アメリカ社会を象徴するような事柄を扱っていることの二つが主な選択基準だった。本書で取り上げることができなかった演説の中にも興味深いものは多くある。核なき世界の実現を呼びかけたプラハ演説、イスラム社会との対話を試みたカイロ演説、アジア太平洋政策について語った東京演説、ノーベル平和賞受賞演説、二つの大統領就任演説、そして毎年はじめに行われる一般教書演説などが、その代表である。これらの演説はいずれも興味深い考察の対象となり得るが、これらにおいてはアメリカ社会内部の動きよりもアメリカ合衆国と他国との関係に焦点が絞られていたり、特定の社会問題ではなくオバマ政権が抱えるさまざまな政策課題が網羅的に扱われていたりするため、本書では取り上げなかった。これらを含むオバマの演説の多くは、インターネットを使って簡単に検索し、視聴することができるので、興味のある読者は試してみてほしい。

　考察に関しても、本書には成し得なかったことがある。まず、本書においてはオバマの演説の特徴を明らかにすることを目指したため、その政治的含みについての批判的考察を十分に展開することができなかった。オバマの語りの政治性については、いろいろな角度から考察され得る。たとえば、本書で吟味した演説の多くにおいて、オバマはアメリカ合衆国を特別な国として語り、聴衆の愛国心に訴えていた。それはオバマがアメリカ合衆国の最高政治指導者であること、そしてこれらの演説の主たる聴衆がアメリカ人であることを踏まえれば当然だと言えるが、その一方でオバマ流のアメリカ例外主義と愛国主義がアメリカ社会と国際社会に与える影響について批判的に考察することは可能だし、重要だろう。全体的な傾向として、本書は記述的であり、オバマの演説に

ついての批評的な研究を期待した読者にとっては物足りない内容になっているのではないかと思う。この点については、他のコミュニケーション研究や関連分野の研究を参照してほしい。

また、第1章で述べたとおり、本書においてはオバマの演説に考察の焦点を絞ったため、オバマの政策についての議論には踏み込めていない。オバマが展開する政策は賛否両論を呼んでおり、これらについて具体的かつ実証的に検討する作業は欠かせない。この点については、政治学、経済学、社会学、歴史学など、関連社会科学分野の研究を参照してほしい。

本書の執筆に際しては、多くの方たちのお世話になった。これらの方たちに対する感謝の気持ちを以下に述べたい。

私は本書の大部分をカリフォルニア州立大学ロングビーチ校に客員研究員として滞在しているときに執筆した。私を受け入れ、素晴らしい研究環境を整えてくださった同校の教職員のみなさまに感謝する。特にアーロン・カーガイル（Aaron Cargile）先生には、カリフォルニア滞在中、公私にわたって大変お世話になった。彼にはいくら感謝しても感謝しきれない。

南山大学の教職員のみなさまにも、今回の在外研究へと私を快く送り出してくださったことを感謝したい。英米学科の先生方には、私が不在の間、教育と学内行政の面でいろいろとご負担をいただいた。短期大学部の森泉哲先生には、講義を代わりに担当していただいた。事務職員のみなさまには、諸手続きに関して助けていただいた。

今回の在外研究に関しては、他にもたくさんの方たちのお世話になった。名古屋大学の高井次郎先生には、在外研究の準備から現地での生活に至るまで、いろいろと助けていただいた。渡辺義和さんとは、現地で定期的に連絡を取り合い、有意義な議論の時間を持たせていただいた。それ以外にも、現地では数えきれないほどの方たちからご支援をいただいた。

本書の一部は日本コミュニケーション学会の学会誌に掲載された自分の論文に基づいている。学会誌に掲載された論文をこのような形で利用することを許してくださった日本コミュニケーション学会のみなさまに感謝する。また、

この学会を中心に活躍するコミュニケーション研究者のみなさまには、知的刺激に満ちた意見交換の機会を与えてくださったことを感謝する。

　2007年に南山大学に着任して以来、私はよき同僚たちに恵まれた。現在は退職され、南山大学名誉教授となられた岡部朗一先生は、いつも静かに私の研究と教育を見守ってくださった。日本におけるコミュニケーション研究の先駆者であり、第一人者である岡部先生の近くで研究者としての第一歩を踏み出せたことは、私にとって得難い幸運だった。一番近くで仕事をさせていただいている英米学科の同僚たちは、私にとって重要な毎日の支えである。尊敬できる先輩と仲間たちに囲まれて研究教育に取り組めることを嬉しく思う。同世代の同僚である山岸敬和先生とヴィーン・ティー（Ve-Yin Tee）先生は、私に本を執筆するよう何度も勧めると同時に、自分たちがそれぞれに単著を刊行することで私に無言の圧力をかけてくれた。これらの方たちをはじめとする南山大学の教員と事務職員のみなさまに感謝する。

　大学院生時代、ある教授が大学教員としての自分の仕事について、こう言った。「毎日、頭のいい若者たちと議論することでお金がもらえる。こんなにいい仕事はない」。私はこの言葉に共感する。私が毎日接する学生たちは、好奇心と意欲に満ちている。私は彼らに何かを教えている以上に、彼らから何かを学んでいる。彼らが南山大学で学び、そこを卒業し、それぞれの場所で活躍していると思うと、私は深い安心感を抱く。これらの優秀な学生たちとの関わりが、私の研究と教育の原動力である。

　大学教育出版の佐藤守様と安田愛様をはじめとするみなさま、そしてASシリーズ監修者である大阪大学の杉田米行先生には、この本の原稿に価値を見出し、その刊行を実現してくださったことを感謝したい。初めての単著の刊行を目指していた私にとって、これらの方たちのご支援はとても心強かった。

　妻はオハイオ大学大学院時代から現在に至るまで、持ち前の明るさとユーモアで私を支えてくれている。私が無事に在外研究を終え、この本を書き終えることができたのも、彼女の支えのお陰である。幼い子どもたちは、毎日よく食べ、よく遊び、よく眠る。そして、驚くほどの速さで成長していく。その姿を間近で見ることで、私がどれだけの元気をもらっているか、うまく言葉にでき

ない。
　ここで一人ずつ名前を挙げることはできないが、これまで私を支えてくれた家族、恩師、そしてすべての友人たちに心から感謝していることを最後に記しておきたい。

2015 年 10 月

　　　　　　　　　　　　　　　　　　　　　　　　　　　　花木　亨

参考文献

アリストテレス（山本光雄訳）(1961)『政治学』東京：岩波書店
アリストテレス（戸塚七郎訳）(1992)『弁論術』東京：岩波書店
花木亨 (2010)「バラク・オバマは人種を語る ──「A More Perfect Union」演説をめぐる考察──」、『ヒューマン・コミュニケーション研究』、第38号、日本コミュニケーション学会、pp.143-157.
花木亨 (2011)「ナラティブ」、『現代日本のコミュニケーション研究 ── 日本コミュニケーション学の足跡と展望』、日本コミュニケーション学会編、pp.274-285、東京：三修社
花木亨 (2014a)「バラク・オバマと人種──「A More Perfect Union」演説再考──」、『日本コミュニケーション研究』、第42巻特別号、日本コミュニケーション学会、pp.31-49.
花木亨 (2014b)「バラク・オバマは医療を語る ── 2009年9月9日アメリカ合衆国議会合同会議における演説をめぐる考察──」、『日本コミュニケーション研究』、第43巻第1号、日本コミュニケーション学会、pp.49-67.
花木亨 (2015)「バラク・オバマは銃規制を語る ── 銃を持つ自由と暴力からの自由 ── 」、『日本コミュニケーション研究』、第43巻第2号、pp.89-108.
山岸敬和 (2014)『アメリカ医療制度の政治史 ── 20世紀の経験とオバマケア ── 』名古屋：名古屋大学出版会
After Newtown, modest change in opinion about gun control. (2012, December 20). Pew Research Center.
A nation of immigrants: A portrait of 40 million, including 11 million unauthorized. (2013, January 29). Pew Research Center.
Applebome, P., & Weisman, J. (2013, April 8). Obama invokes Newtown dead in pressing for new gun laws. *The New York Times*.
Ask The White House: Immigration reform. (2013, December 11). The White House.
Babington, C. (2006, June 18). Obama's profile has democrats taking notice. *The Washington Post*.
Baker, P., & Shear, M. D. (2013, January 16). Obama to 'put everything I've got' into gun control. *The New York Times*.
Barack Obama's race speech an online video hit. (2008, March 22). *AFP*.
Barnett, D. (2008, March 19). Obama the ditherer: Answering the question no one asked. *The Weekly Standard*.
Barron, J. (2012, December 14). Nation reels after gunman massacres 20 children at

school in Connecticut. *The New York Times*.

Benac, N. (2013, May 4). A guide to immigration reform: Facts and figures. *NBC Latino*.

Berger, J., & Santora, M. (2013, November 25). Chilling look at Newtown killer, but no "why." *The New York Times*.

Bernstein, D. (2007, May 29). The speech. *Chicago Magazine*.

Bianco, R. (2004, July 28). What happened to conventional wisdom? *USA Today*.

Bitzer, L. (1968). The rhetorical situation. *Philosophy & Rhetoric, 1*, 1-14.

Blanton, D. (2008, March 21). FOX News poll: More than half believe Obama doesn't share views of Pastor Wright. *Foxnews. com*.

Bonilla-Silva, E. (2013). *Racism without racists: Color-blind racism and the persistence of racial inequality in America (4th ed.)*. Lanham, MD: Rowman & Littlefield.

'Borders first' a dividing line in immigration debate. (2013, June 23). Pew Research Center.

Brachear, M. A. (2007, January 27). Rev. Jeremiah A. Wright, Jr.: Pastor inspires Obama's "audacity." *The Chicago Tribune*.

Broad support for renewed background checks bill, skepticism about its chances. (2013, May 23). Pew Research Center.

Campbell, K. K., & Jamieson, K. H. (2008). *Presidents creating the presidency: Deeds done in words*. Chicago, IL: University of Chicago Press.

Canellos, P. S. (2008, November 11). Obama's victory took root in Kennedy-inspired immigration act. *The Boston Globe*.

Cantor, J. (2008, March 18). An effort to bridge a divide. *The New York Times*.

CBS poll: Good reviews for Obama speech. (2008, March 21). *CBSnews.com*.

Cook, P. J., & Goss, K. A. (2014). *The gun debate: What everyone needs to know*. New York: Oxford University Press.

Cornwell, R. (2004, July 27). An unknown rookie, but can Obama be first black President? *The Independent*.

Dauber, J. (2004, July 29). A star is born. *The Christian Science Monitor*.

Davey, M. (2004, March 18). As quickly as overnight, a Democratic star is born. *The New York Times*.

Deficit-reducing health care reform. (n.d.). The White House.

Dilliplane, S. (2012). Race, rhetoric, and running for president: Unpacking the significance of Barack Obama's "A More Perfect Union" Speech. *Rhetoric & Public Affairs, 15*, 127-152.

Dionne, E. J., Jr. (2004, June 25). In Illinois, a star prepares. *The Washington Post*.

Du Bois, W. E. B. (1903/1996). *The souls of black folk.* New York: Penguin Books.

Edwards, G. C., III. (2003). *On deaf ears: The limits of the bully pulpit.* New Haven, CT: Yale University Press.

Edwards, G. C., III. (2009). *The strategic president: Persuasion and opportunity in presidential leadership.* Princeton, NJ: Princeton University Press.

Edwards, G. C., III. (2012). *Overreach: Leadership in the Obama presidency.* Princeton, NJ: Princeton University Press.

Fired up and ready to go. (2009, September 10). *The Economist.*

Fisher, W. R. (1973). Reaffirmation and subversion of the American Dream. *Quarterly Journal of Speech,* 59, 160-167.

Flegenheimer, M. (2013, December 27). Final report on Sandy Hook killings sheds new light on gunman's isolation. *The New York Times.*

Frank, D. A. (2009). The prophetic voice and the face of the other in Barack Obama's "A More Perfect Union" Address, March 18, 2008. *Rhetoric & Public Affairs, 12,* 167-194.

Frank, D. A. (2011). Obama's rhetorical signature: Cosmopolitan civil religion in the Presidential Inaugural Address, January 20, 2009. *Rhetoric & Public Affairs, 14,* pp.605-630.

Frank, D. A., & McPhail, M. L. (2005). Barack Obama's address to the 2004 Democratic National Convention: Trauma, compromise, consilience, and the (im)possibility of racial reconciliation. *Rhetoric & Public Affairs, 4,* 571-594.

Frosch, D., & Johnson, K. (2012, July 20). Gunman kills 12 in Colorado, reviving gun debate. *The New York Times.*

Galewitz, P. (2013, September 17). 48 million Americans remain uninsured, Census Bureau reports. *Kaiser Health News.*

Gassen, S. G., & Williams, T. (2013, March 27). Before attack, parents of gunman tried to address son's strange behavior. *The New York Times.*

Gigante, S. (2010, February 22). How boomers will impact the health care industry. *CNBC.*

Giovagnoli, M. (2013). Overhauling immigration law: A brief history and basic principles of reform. Immigration Policy Center.

Glaberson, W. (2012, December 14). Nation's pain is renewed, and difficult questions are asked once more. *The New York Times.*

Goode, E., & Kovaleski, S. F. (2012, August 6). Wisconsin killer fed and was fueled by hate-driven music. *The New York Times.*

Growing public support for gun rights. (2014, December 10). Pew Research Center.

Hanaki, T. (2014). Justice and dialogue in Japan's top press: Philosopher Michael Sandel as cultural authority. *Communication, Culture & Critique*, 7, 472-486.

Hardball with Chris Matthews. (2004, July 27). *MSNBC*.

Hardball with Chris Matthews. (2008, March 18). *MSNBC*.

Health insurance coverage of the total population. (2013). Kaiser Family Foundation.

Healy, P. (2008, January 27). Obama weathers a test of mettle. *The New York Times*.

Healy, P., & Cooper, M. (2008, January 9). Clinton is victor, turning Back Obama; McCain also triumphs. *The New York Times*.

Immigration action gets mixed response, but legal pathway still popular. (2014, December 11). Pew Research Center.

James, M. (2008, March 19). Huckabee defends Obama... and the Rev. Wright. *ABC News*.

King, M. L., Jr. (1965, March 25). *How long, not long*. Montgomery, Alabama.

King, M. L., Jr. (1968, April 3). *I've been to the mountaintop*. Memphis, Tennessee.

Klein, J. (2009, September 10). Obama's appeal: A test of national character. *Time*.

Korte, G. (2013, May 4). Post-Newtown, NRA membership surges to 5 million. *USA Today*.

Krauthammer, C. (2008, March 21). The speech: A brilliant fraud. *The Washington Post*.

Lakshmanan, I., & Przybyla, H. (2008, March 19). Obama's race speech echoes Kennedy's 1960 address on religion. *Bloomberg. com*.

Lamb, G. (2008, April 17). Columbine High School. *The New York Times*.

Landler, M., & Baker, P. (2012, December 16). 'These tragedies must end,' Obama says. *The New York Times*.

Landler, M., & Goode, E. (2012, December 14). Obama's cautious call for action sets stage to revive gun debate. *The New York Times*.

Latino voters in the 2012 election. (2012, November 7). Pew Research Center.

Lincoln, A. (1858, June 16). *House divided*. Springfield, Illinois.

Lincoln, A. (1863, November 19). *Gettysburg address*. Gettysburg, Pennsylvania.

Luo, M. (2008, December 4). Obama hauls in record $750 million for campaign. *The New York Times*.

Martin, R. (2008, March 21). The full story behind Rev. Jeremiah Wright's 9/11 sermon. *CNN*.

Martin, P., & Midgley, E. (2010). Population bulletin update: Immigration in America 2010. Population Reference Bureau.

McCain, J. (2008, April 15). Hardball College Tour: Sen. John McCain. *MSNBC*.

Melber, A. (2008, March 19). Obama's speech makes YouTube history. *The Nation*.

Merida, K. (2008, March 19). Obama, trying to bridge America's racial divide: Pastor's remarks spurred need to address subject. *The Washington Post*.

Mill, J. S. (1859/2008). *On liberty and other essays*. New York: Oxford University Press.

Mr. Obama's profile in courage. (2008, March 19). *The New York Times*.

Murphy, J. M. (2011). Barack Obama, the Exodus tradition, and the Joshua generation. *Quarterly Journal of Speech, 97*, 387-410.

Nagourney, A. (2008, January 4). Obama takes Iowa in a big turnout as Clinton falters; Huckabee victor. *The New York Times*.

Nagouney, A. (2008, November 5). Obama wins election; McCain loses as Bush legacy is rejected. *The New York Times*.

Nagourney, A., & Zeleny, J. (2007, February 11). Obama formally enters Presidential race. *The New York Times*.

Newman, D. (1996). Writing together separately: Critical discourse and the problems of cross-ethnic co-authorship. *Area, 28*, 1-12.

Nomai, A. J., & Dionisopoulos, G. N. (2002). Framing the Cubas narrative: The American Dream and the capitalist reality. *Communication Studies, 53*, 97-111.

Obama, B. (2004). *Dreams from my father: A story of race and inheritance*. New York: Three Rivers Press. (邦訳：『マイ・ドリーム ── バラク・オバマ自伝』東京：ダイヤモンド社)

Obama, B. (2004, July 27). *2004 Democratic National Convention Keynote Address*. Boston, Massachusetts.

Obama, B. (2006). *The audacity of hope: Thoughts on reclaiming the American Dream*. New York: Three Rivers Press. (邦訳：『合衆国再生 ── 大いなる希望を抱いて』東京：ダイヤモンド社)

Obama, B. (2007, February 10). *Official announcement of candidacy for U.S. President*. Springfield, Illinois.

Obama, B. (2008, January 3). *Iowa caucus victory speech*. De Moines, Iowa.

Obama, B. (2008, January 26). *South Carolina primary victory speech*. Columbia, South Carolina.

Obama, B. (2008, March 18). *A More Perfect Union*. Philadelphia, Pennsylvania.

Obama, B. (2008, November 4). *President-elect Barack Obama victory speech*. Chicago, Illinois.

Obama, B. (2009, September 9). *President Obama: Address to Congress on health insurance reform*. Washington D.C.

Obama, B. (2011, May 10). *Building a 21st century immigration system*. El Paso, Texas.

Obama, B. (2012, December 14). *President Obama makes a statement on the shooting in Newtown, Connecticut*. Washington, D.C.

Obama, B. (2012, December 16). *President Obama speaks at Newtown High School*. Newtown, Connecticut.

Obama, B. (2013, January 16). *President Obama introduces a plan to reduce gun violence*. Washington, D.C.

Obama, B. (2013, January 29). *President Obama speaks on comprehensive immigration reform*. Las Vegas, Nevada.

Obama, B. (2013, February 4). *President Obama speaks on preventing gun violence*. Minneapolis, Minnesota.

Obama, B. (2013, February 12). *The 2013 State of the Union address*. Washington, D.C.

Obama, B. (2013, March 28). *President Obama speaks on protecting our children from gun violence*. Washington, D.C.

Obama, B. (2013, April 3). *President Obama speaks on reducing gun violence*. Denver, Colorado.

Obama, B. (2013, April 8). *President Obama speaks on reducing gun violence*. Hartford, Connecticut.

Obama, B. (2013, April 17). *President Obama speaks on common-sense measures to reduce gun violence*. Washington, D.C.

Obama and Wright controversy dominate news cycle. (2008, March 27). Pew Research Center.

Obama looks to own past in convention speech. (2004, July 28). *CNN*.

Obama woos Congress on healthcare. (2009, September 10). *BBC*.

OECD Health Data 2013. (2013). OECD.

Olopade, D. (2008, August 25). Barack's big night. *New Republic*.

Parker, A. (2008, January 20). What would Obama say? *The New York Times*.

Parker, A., & Martin, J. (2013, June 27). Senate, 68 to 32, passes overhaul for immigration. *The New York Times*.

Passel, J., & Cohn, D. (2009, April 14). A portrait of unauthorized immigrants in the United States. Pew Research Center.

Passel, J., & Cohn, D. (2011, February 1). Unauthorized immigrant population: National and state trends, 2010. Pew Research Center.

Peters, J. W., & Baker, P. (2013, March 28). Months after massacre, Obama seeks to regain momentum on gun laws. *The New York Times.*

Phillips, K. (2009, September 15). House admonishes Wilson on outburst. *The New York Times.*

Pickler, N. (2008, June 4). From Greek mythology, Obama learned a lesson. *USA Today.*

Pickler, N., & Apuzzo, M. (2008, March 18). Obama confronts racial division. *The Huffington Post.*

Post-ABC poll: Gun control politics. (2013, March 12). *The Washington Post.*

Powell, C. (2008, April 10). Powell's take on 2008 race. *ABC News.*

Preston, J. (2012, August 13). Young immigrants, in America illegally, line up for reprieve. *The New York Times.*

Preston, J. (2012, August 15). Illegal immigrants line up by thousands for deportation deferrals. *The New York Times.*

Reverend Wright transcript. (2008, April 25). *ABC News.*

Robison, P., & Crewdson, J. (2012, January 11). NRA raises $200 million as gun lobby toasters burn logo on bread. *Bloomberg Businessweek.*

Romano, A. (2012, April 9). A Newsweek poll shows Americans still divided over race. *Newsweek.*

Ross, B., & El-Buri, R. (2008, March 18). Obama's Pastor: God Damn America, U.S. to Blame for 9/11. *ABC News.*

Rowland, R. C. (2011). Barack Obama and the revitalization of public reason. *Rhetoric & Public Affairs, 14,* 693–726.

Rowland, R. C., & Jones, J. M. (2007). Recasting the American dream and American politics: Barack Obama's keynote address to the 2004 Democratic National Convention. *Quarterly Journal of Speech, 93,* 425–448.

Rowland, R. C., & Jones, J. M. (2011). One dream: Barack Obama, race, and the American dream. *Rhetoric & Public Affairs, 14,* 125–154.

Sandel, M. J. (2009). *Justice: What's the right thing to do?* New York, NY: Farrar, Straus and Giroux.

Scott, J. (2008, May 18). The story of Obama, written by Obama. *The New York Times.*

Sharpton, A. (2004, July 28). *Democratic National Convention speech.* Boston, Massachusetts.

Shear, M. D. (2013, October 17). Government gets back to business, but effects of the shutdown linger. *The New York Times.*

Slevin, P. (2007, November 13). For Obama, a handsome payoff in political gambles. *The Washington Post.*

Somaiya, R. (2013, October 31). Virginia Tech held not negligent in '07 killings. *The New York Times*.

Sowards, S. K., & Pineda, D. (2013). Immigrant narratives and popular culture in the United States: Border spectacle, unmotivated sympathies, and individualized responsibilities. *Western Journal of Communication, 77,* 72-91.

Spitzer, R. J. (2011). *The politics of gun control (5th ed.)*. Boulder, CO: Paradigm Publishers.

Stelter, B. (2008, March 27). Finding political news online, the young pass it on. *The New York Times*.

Sullivan, S. (2012, December 21). NRA's Wayne LaPierre: Put 'armed police officers' in every school. *The Washington Post*.

Summary of the Affordable Care Act. (2013). Kaiser Family Foundation.

Tapper, J., & Hinman, K. (2007, February 10). Obama declares his candidacy. *ABC News*.

Terrill, R. E. (2009). Unity and duality in Barack Obama's "A More Perfect Union." *Quarterly Journal of Speech, 95,* 363-386.

Terrill, R. E. (2011). An uneasy peace: Barack Obama's Nobel Peace Prize Lecture. *Rhetoric & Public Affairs, 14,* 761-780.

The Daily Show with Jon Stewart. (2008, March 18). *Comedy Central*.

Tulis, J. K. (1987). *The rhetorical presidency*. Princeton, NJ: Princeton University Press.

Vaughn, J. S., & Mercieca, J. R. (Eds.). (2014). *The rhetoric of heroic expectations: Establishing the Obama presidency*. College Station, TX: Texas A & M University Press.

Vicini, J., & Stempel, J. (2012, June 28). US top court upholds healthcare law in Obama triumph. *Reuters*.

Vicini, J., Stempel, J., & Biskupic, J. (2012, June 29). Supreme Court upholds Obama's healthcare law. *Reuters*.

Weisman, J. (2013, April 17). Senate blocks drive for gun control. *The New York Times*.

Wolffe, R. (2008 January 6). In his candidate's voice. *Newsweek*.

World Health Statistics 2013. (2013). WHO.

Wright, J. (1990). The audacity to hope. *Preaching Today*.

Zeleny, J. (2008, March 19). Obama urges U.S. to grapple with race issue. *The New York Times*.

Zeleny, J. (2008, March 21). Richardson endorses Obama. *The New York Times*.

Zeleny, J., & Connelly, M. (2008, January 27). Obama carries South Carolina by wide margin. *The New York Times*.

Zeleny, J., & Steinhauer, J. (2008, January 20). Vote of women propels Clinton in Nevada caucus. *The New York Times*.

シリーズ監修者
杉田　米行　大阪大学言語文化研究科教授
すぎた　よねゆき

著者紹介

花木　亨　(はなき とおる)

南山大学外国語学部英米学科准教授
名古屋大学経済学部経済学科卒業
オハイオ大学大学院コミュニケーション研究科修了
コミュニケーション研究博士（Ph.D., Communication Studies, Ohio University）
著書：
『現代日本のコミュニケーション研究——日本コミュニケーション学の足跡と展望』（共著、三修社、2011 年）
International Communication（*SAGE Benchmarks in Communication*）（共著、SAGE Publications、2012 年）
『異文化コミュニケーション事典』（共著、春風社、2013 年）

AS シリーズ第 15 巻

大統領の演説と現代アメリカ社会
Understanding Contemporary American Society through Presidential Speeches

2015 年 12 月 30 日　初版第 1 刷発行

■著　　者——花木　亨
■発 行 者——佐藤　守
■発 行 所——株式会社　大学教育出版
　　　　　　〒700-0953　岡山市南区西市 855-4
　　　　　　電話（086）244-1268　FAX（086）246-0294
■印刷製本——モリモト印刷㈱

©Toru Hanaki 2015, Printed in Japan
検印省略　落丁・乱丁本はお取り替えいたします。
本書のコピー・スキャン・デジタル化等の無断複製は著作権法上での例外を除き禁じられています。本書を代行業者等の第三者に依頼してスキャンやデジタル化することは、たとえ個人や家庭内での利用でも著作権法違反です。
ISBN978-4-86429-385-3